心に残る国語教育

――若き日の実践――

ひろしま国語教育太河の会 編

溪水社

まえがき

ひろしま国語教育太河の会は、平成十二年に、『広島市小学校国語教育の歩み――戦後――』を、平成十四年には、『人この素晴らしき出会い――国語教師として生きて来て――』として、私達の研究実践の道程を集大成しました。

前者は、戦後五十年間の広島市小学校国語教育の歩みや、各分野の活動を沿革史的に整理したものです。後者は、広島市の国語教師としての具体的な実践やふれあいの素晴らしさを執筆しております。

こうした執筆活動や出会いを機縁として、太河の会の交流は続けられてきました。特筆すべきは、太河の会は単なる研究組織ではありません。その構成メンバーは、現職時代に国語教育を語り、ひたむきに実践に努めてきた同志が、退職後もその延長線上に国語愛に満ちた集いとして、会を維持してきております。定期的に集い、現職時代へのノスタルジアにも似た思いで語り合っております。

前述のように、二冊の研究紀要を出版した熱意は消えることなく、第三冊目の紀要を生み出す情熱に昇華しました。前二冊に掲載されなかった実践活動の散逸消滅を惜しみ、続編として、『心に残る国語教育――若き日の実践――』を出版することにしました。

本著の第二章には、国語教育の異色の活動であった、湯の山（当時佐伯郡湯来町）で開催した二泊三日の、湯の山合宿研究会の思い出を特集いたしました。二泊三日の研修講座は、昼間は蝉の声を聞きながら受講しました。夜は、夜遅くまで国語教育を巡って語り合いました。名湯湯の山温泉にも入り、絆を深めた合宿研究会でした。

　太田川の流れは廃墟焦土と化した広島のデルタを潤し、奇跡的復興をなしとげました。ひろしま国語教育太河の会は、その流れによって、ことばの感性の輝きをとりもどし、より豊かな情緒を生み出してきました。太田川の流れのように、この太河の会が流れを止めず、愛され語り継がれていくことを祈ってやみません。

　ここに太河の会の同志が、若き日の実践の一端を発表させていただきましたが、皆様のこれからの実践に少しでもお役に立てれば幸いです。また、いろいろとご教示を賜りますれば有難いことです。

　最後になりましたが、それぞれのパートで、出版にご尽力くださいました皆様にお礼を申しあげます。そして、常にひろしま国語教育太河の会の代表として、リーダーシップをおとりくださいました安田平一先生に厚くお礼を申しあげます。

平成二十一年七月

向井信之

『心に残る国語教育』――若き日の実践――

目次

まえがき……………………………………………………………………i

第一章 『心に残る国語教育』――若き日の実践――

一 読む意欲を高める物語文指導の在り方　藤原路子…3
二 確かで豊かに読ませる文学教材の指導　増田義法…22
三 低学年の教材研究・二つの工夫　吉永正憲…37
四 読解・読書論に取り組んだころ　梶矢文昭…49
五 一人ひとりの文章表現力を高めるために　神田和正…55
六 障害児学級における作文指導 ――事例――　綿崎英之…65
七 児童作文にみられる漢字使用の実態と考察　中村誠延…79
八 言語事項の基礎的展開　生信勇荘…91
九 こんな子どもに ――「生活ノート」から――　細井迪…100
十 態度の変容を目指す「テーマ日記」　竹内浩二…106
十一 「書くこと」で育む心と学級づくり　三島幸枝…117
十二 俳句指導の道　藤井秀昭…124
十三 わたしたちが選んだ詩集『もうひとつの目』　坪井千代子…134

十四　私の国語科指導の歩み　平山　威……145
十五　私のひとりごと　棟本　満喜恵……155
十六　あかあかと一本の道をとほりたり　向井　信之……165

第二章　『湯の山合宿研究会の思い出』

一　「かがり火」が果たした役割と変遷　馬野　和道……181
二　心に残る「かがり火」　神田　和正……194
三　湯の山学校　宮崎　定……199
——国語教育夏季合宿研究会——
四　国語教師の支えとして　増田　義法……202
五　国語教育への情熱　竹内　浩二……205
六　作文への道を　細井　迪……207
七　湯の山の思い出　綿崎　英之……209
八　湯の山　湯学湯楽　十二詠　奈我人（向井　信之）……211
九　学ばせてもらった忘れえぬ湯の山　平岡　豊恵……213
十　湯の山を想う　桑田　嘉子……216
十一　ブラームスはお好きですか　梶矢　文昭……221
十二　湯の山あれこれ　藤井　秀昭……222
十三　「湯の山」から「宮浜」への発展的会場移行　中村　誠延……230
十四　基調提案　阿川　淳信……232
あとがき……241

題字　足立　柳子

第一章 『心に残る国語教育』

――若き日の実践――

一　読む意欲を高める物語文指導の在り方

――音読・朗読活動を生かした授業展開の工夫――

藤　原　路　子（当時・中野小学校）
発表の場・県教育センター専門研修講座
実践年・平成五年（当時・四十四歳）

一　はじめに

教室の後ろに、キョウリュウの本を二週間も前から並べている。本を手にとって見る子もいるが、クラスの話題には、のぼってこない。それが、授業で、「キョウリュウをさぐる」に入ったとたん、教室は一転してキョウリュウブームに沸いた。子ども達が興味・関心や意欲を持ったとき、ただ、ものとしてそこにあった活字は意味を持ち、生命を持った言葉として子ども達の中に入っていった。

新しい学力観に立つこれからの教育では、子どもの内面的な学習意欲を引き出し生かすことが求められている。

> 国語を正確に理解し、適切に表現する能力を育てるとともに、思考や想像力及び言語感覚を養い、国語に関心を深め、国語を尊重する態度を育てる。

という小学校指導要領国語科の目標も、子どもの意欲や主体性に支えられてはじめて達成されるであろう。

ところが、毎日の授業を振り返ってみるとき、いつも硬い表情で受身になっている児童がそこにいた。「なんとか、あの表情を変えたい。もっと楽しく、言葉を通し、子ども達が作品を感じ、おもしろさに浸れる。そんな授業をしてみたい。」

そう考え、物語文指導の在り方を見直していきたいと思った。

二　主題設定の理由

本校の国語科研修では、子どもの読みを生かすため「ひとり読みの育て方と生かし方」に視点をあてて研修している。そして、子どもの感想・疑問から課題を立て、一人ひとりが自分の読みをつくる場を大切にすることで話し合いもだんだん活発になってきた。しかし、同時に、話し合いだけでは、受身になったり、黙り勝ちになったりする子ども達を授業の主役にすることができず、ひとり読みから話し合いというややパターン化された授業に限界を感じてきた。意欲を持って学習する子ども達とやらされる学習で終わる子ども達の間には様々な距離がある。その距離を授業の中でどう埋めていくか。その一つの方法として、子ども達の好きな音読・朗読活動を中心に位置付けることにより、自分達でつくるんだという学習の主体者として取り組んでいく学習を仕組むことができるのではないか、そう考え本主題を設定した。

三　実態調査（対象児童四年三組四十名）

今までの授業を振り返ったとき、「○○君は、○○の力が足りないからこんな力をつけたい。」と、できないことからできることを目指しての授業であった。しかし、「できないことから出発した授業では、どうしても子ども達を受身にしてしまう。好きなこと・できることを生かした授業づくりを目指すことで、子ども達は生き生きと取り組み、その意欲の中で確かな言葉の力をつけることができるのではないか。」と考え、物語文の学習において、児童がどのような学習に興味・関心や意欲を持っているかを把握するために実態調査をした。

①あなたは、物語文の学習の中で、どのような学

習が好きですか。
音読（87％）　読書（79％）
意味調べ・漢字（71％）　視写（61％）
友達の考えを聞く（56％）　発表（50％）
ひとり読み（42％）
②どんな時、学習が楽しいと思いますか。
・音読をし終わって、みんなにほめられたとき。
・どんな気持ちなのかを考えながら読書をしているとき。
・漢字ノートを工夫しながら練習しているとき。
・友達のいろいろな考えを聞くとき。私が気付かなかったことが分かるから。
・友達がこんなことを思っているんだなと分かったとき。
・自分の思っていることを発表したとき。ヤッターと思う。
・発表したとき。自分の考えがみんなに伝わるから。
・発表で、自分の考えを認められたとき。
・意見が二つに分かれ、発言がどんどん広まって、みんなが一つになって勉強しているとき。
・いろんな意見が出て、意見がぶつかり合うとき。
・どんどんホームラン発言があるとき。
・ひとり読みで自分のノートを作るときが楽しい。
・自由に自分の思っていることが書けるから、ひとり読みが大好き。
③音読の好きなわけ・きらいなわけを書きましょう。
＊好きなわけ
・人物が話すように話したり、場面が浮かぶように読むと、人物の気持ちになれる。
・自分がどれだけ上手に読めるか確かめられる。
・読んでいくうちにだんだん上手に読めるようになっていくのが分かる。

・「自分がこの本をこんなに上手に読めるんだ。」と思うと、感動する。
・大きな声で読むのが好き。
・みんなに聞いてもらうのが楽しみ。
＊きらいなわけ
・すらすら読めないから。
・お母さんやお父さんに聞いてもらって、×とか書かれて決めつけられるから。
※実態調査の分析

①〜③の調査から、音読や漢字学習は、毎日練習を繰り返し、だれでも取り組める。また、自分で学習の伸びが確かめられ、達成感が持てるため、好きという児童が多い。反対に、ひとり読みは、あまり好きでないという児童が多い。ひとり読みの場合、書くことが中心となり、自分の内面へ問い掛ける活動となるのに対し、音読は、自分の思いを外へ発散させていく活動であるという違いを考えると、音読が好きで楽しいという答えが多いのもうなずける。

しかし、①の調査で好きと答えた児童の少なかった「ひとり読み」「発表」ほど、②で、できたとき学習が楽しいと答えている児童が多い。自分の思いを自由につくりながら読み、それをみんなの中で認めてもらえたという満足感がそれだけ大きいからだと考えられる。

また、「分かった。考えが深まった。」と学習に成就感を持てたとき、みんなが自分の考えを出し合い、深め合い、共に学ぶ学級の雰囲気の中で学習ができたとき、楽しいと感じている。

四　仮設の設定

児童の実態把握により、研究主題に迫るために、次のような仮説を設定した。

研究仮説

物語文の学習指導において、次のような手立てを工夫すれば、子ども達の読む意欲を高め、持続させていくことができるであろう。
1　ひとり読みの時間を確保する。
2　音読劇の台本作りを取り入れる。

授業の動きは、一人ひとりの言葉に対する反応の仕方によって起こる。子どもが自分の思いを書きまとめ、自分なりの音読の工夫を重ねる。この相互が関連し合うことによって、言葉と言葉のつながり、対応、重なり、そして、響き合いなどに気付き、新たな想像を生み出していく。まず、子ども一人ひとりが、自分の読みを持てることが読みの意欲を育てる第一歩と考える。

高橋俊三氏は、学習意欲を高める音読指導として「作品の中から自ら発見したことを、聞き手に声で届けること－届け得たときの喜びと、届けようとして工夫することの楽しみを、子ども達に味わわせよう。これが、自ら表現しようとするときに顕著に育てられる。……読んでいるうちに工夫したくなる。その工夫が読解を導く。」（実践国語研究一九九三年No.一二七）と述べられている。

また、小森茂氏は、国語科の学習指導の改善の視点の一つとして単元指導計画の全体をつらぬくような、子ども達が楽しくなるような生きた目標の設定をあげられている。そして、「子ども達が教材と主体的に関わり、必要に裏付けされたり、必要に迫られたりした自分達の学習計画によって、子ども達は、表現することや理解することの楽しさを味わったり、自分の考えなどを育んだりする中で言葉で表現したり、理解したりする力をつけられるようにすることが大切である。」（初等教育指導No.五九九）と、述べられている。

このような論を参考に、「音読劇発表会をしよう」という単元を通しての目当てに向かって、ひとり読みや音読の工夫をし、毎時間台本を作っていく活動が、学習意欲を高め、作品を楽しく読んでいくための手立てになるのではないかと考え、実践にあたった。

五　検証の視点と方法

項目	視　点	方　法
①	ひとり読みができたか。	・児童台本 ・授業記録
②	台本を作る活動ができたか。	・台本作りをする児童の様子（ビデオ） ・授業記録
③	読む意欲を高めていくことができたか。	・児童の毎時間の自己評価と感想 ・Y児の学習の様子のビデオ

六　授業計画

一単位時間の学習活動

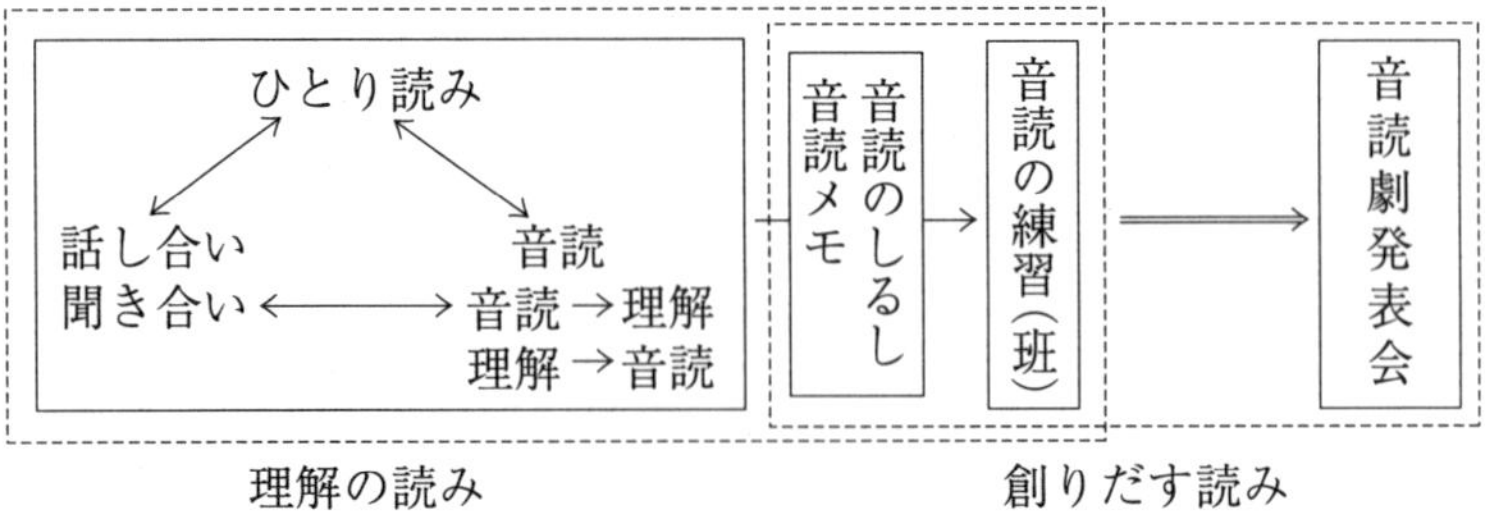

・協同で創りあげる楽しさ
・全員参加の積極的な音読
・作品の中で発見したことを声で届けようと工夫することの楽しさ

(1)子ども達がつくり上げる楽しさを味わわれるような目当ての設定をする。

二年生を招待して「アナトール工場へ行く」の音読劇発表会をしよう。

・動作や簡単な衣装もつけたい。
・紙人形劇にしたほうが喜ぶんじゃないかな。
・聞いている人がよく分かるように音読の工夫をしないといけない。
・音読をするためには、人の気持ちが分からないとできない。

と、目的をもった学習が始まる。

(2)ひとり読み

「ひとり読み」とは、児童一人ひとりが、言葉に主体的に問い掛けて、言葉に反応しながら読み進める個の読みととらえる。

①一人学びの方法（読みの方法）を意識化させるために、多様な活動を取り入れる。

・キーワードの選び出し
・サイドライン
・視写と書き込み
・吹き出し
・会話文・手紙文挿入
・感想文
・絵画化
・音読メモと音読のしるし

音読メモ

声を強めて
ぶりぶりしておこったように
「まったく〈 ねずみどもは、フランスじゅうのはじ㋟。」

いやでたまらないというようにはげしい声で
気をぬかない
「ねずみってやつは、どろぼうとおんなじ㋚。」

あわてているように少し速く
「ガストン、さあ、すぐに帰ろう。」

音読のしるし

＜ ≪	間を十分とる
――	速く読む
〰〰	ゆっくり読む
══	強く読む
- - -	弱く読む

②ひとり読みを深め合うため、友達の読みに反応し相互して深める話し合い活動を充実させる。

(3)台本づくり

①音読劇発表会をするために、台本を作り、音読の工夫をしていくことを毎時間の学習の課題とする。

・見ている人によく分かるように、ここはこんな動作をしたらいい。

・気持ちや表情も伝わるように、この言葉・この文はこんなに読もう。

・役割を決めて班ごとに練習していこう。

など、工夫し劇をつくる意欲が読みを深めるであろう。

②台本の形式

・上段には、音読メモと音読のしるし。下段には、課題解決のためのひとり読み絵など自由にかけるスペースをとる。

台本例

「ただいま、ドセット。今日ね、実はこんなことがあったんだよ。」

- - - - - - - - - - - - - - - -

「あなたの言うとおりよ、アナトール。」

「ただ、人間たちに、何かお返しができるといいんだけど――。でも、そんなこと、とても無理ね。」

アナトールは、はっととび上がって、ドセットを引っぱって、部屋じゅうをおどり回りました。

「無理じゃない。無理なものかね、君。君の思いつきは、まったくすごい。」

教科書

ドセットは、やさしくなぐさめました。

「あなたの言うとおりよ。アナトール。」

ドセットは、悲しそうに言いました。

「ただ、人間たちに、何かお返しできるといいんだけどー。でも、そんなこと、とても無理ね。」


アナトールは、はっととび上がって、ドセットを引っぱって、部屋じゅうをおどり回りました。

「無理じゃない。無理なものかね。君。君の思いつきは、まったくすごい。」

・「ドセットは、やさしく夫をなぐさめました。」「ドセットは、悲しそうに言いました。」など、説明の部分は省略。どのように読んだらいいか音読の工夫で着目させる。
・場面ごとの学習活動に合わせて、視写・会話文・手紙文・感想文などを書き込めるよう、スペースを挿入して印刷し、児童に配布する。

七　授業の実践

(1)単元　作品のおもしろさを「アナトール工場へ行く」
(2)対象　広島市立中野小学校四年三組（男子十六

名・女子二十四名　計四十名）

(3)単元について

この作品のおもしろさとしては、第一に、主人公のねずみ、アナトールが、「フランス一、幸せ者」で、「世界一かしこいねずみ」であるという設定のおもしろさをあげることができる。第二に、人間の残り物などを食べているアナトールが、実は、人間よりはるかに味の良し悪しが分かる才能の持ち主であったという着想のおもしろさである。第三に、アナトールと読者だけに分かっている秘密が成立し、そのことによって、これを知らないデュバルさんの言動におかしみが生まれるというストーリー展開でのおもしろさである。子ども達は、人間に嫌われ軽蔑されていることを知ったねずみのアナトールが、自分の得意を生かし、人間以上の働きをすることによって正当な報酬を受けるというこの話に、心をひかれ、アナトールの知恵に感心するに違いない。おもしろさを味わいながら、ねずみに対するアナトールとガストンの考え方を対比したり、アナトール自身の気持ちの変化を対比することによって、読みを深めていきたい。また、特に会話部分に人物の気持ちが込められているので、会話部分の音読の工夫をすることによって、人物の気持ちや様子を読み取らせていきたい。さらに、音読発表のために台本づくりをし、音読の工夫をしていくことで、学習への意欲を高め、物語を読む楽しさを味わわせたい。

(4)指導目標

・人間とねずみ、アナトールとガストンの考え方の違いなどのおもしろさに気付き、行動や気持ちを想像したり、音読したりすることを生かして、音読劇に表すことができる。

・場面の様子や会話などを効果的に音読するために、音量や速さ・間などを工夫することができる。

・作品のおもしろさをもとに、あらすじや感想や中心点を明確にして書くことができる。

(5)指導計画（紙面の都合上省略）

(6)授業記録（第二次5時）

本時の目標

ドゼットの言葉になぐさめられ、人間のお返しを思いついたアナトールの気持ちの変化を読み取り、場面の中に会話を付け加えて音読することができる。

1．本時の学習のめあてをつかむ。

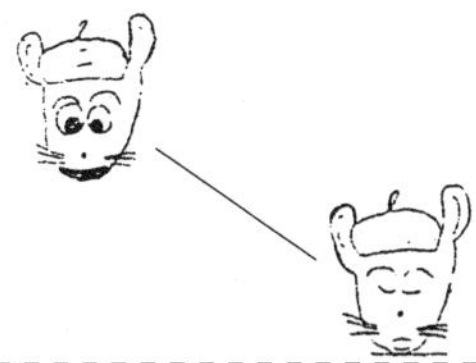

2．ドセットになぐさめられ変化するアナトールの気持ちを読み取る。

T　二場面アナトールは、どんな顔をしていましたか。

・すごくショックを受けてとても悲しそう

T　三場面では、どんな顔に変わりましたか。

・初めの悲しそうな顔からうれしそうな顔に変わっていった。

・「おどり回っているところから、とても喜んでいる顔に変わっている。」

（アナトールの顔の絵をはり、課題の視覚化をはかる。）

> 今日は、悲しそうな顔からうれしそうな顔に変わってきたアナトールの表情が浮かぶように音読の工夫をしよう。

T　ところで、三場面のどこにもアナトールが悲しいという言葉は書いていないけど、みんなはどこで悲しそうな顔が浮かんだのでしょうね。

（役割音読）（間をおいて）

・「ドセットはやさしく夫をなぐさめました。」というところで、

役割音読

ひとり読み

(1)ドセットに今日の出来事を話している会話を想像して台本に書く。

悲しそうにしていたからなぐさめたんだと思う。

・ドセットが「ただ、人間たちに、何かお返しができるといいんだけど――」と言った後で、そこからアナトールは興奮したように変わっている。

・Tさんが言ったように、ドセットの名案が浮かぶまでは、まだ悲しい顔をしていた。

・「ドセットは、悲しそうに言いました。」というところからも分かる。アナトールが悲しそうだからドセットもなぐさめてあげたり自分まで悲しくなったりした。

T　悲しそうなアナトールの顔がだんだん浮かんできましたね。「ただいまドセット」と悲しそうに帰ってきたアナトールを「あなたの言うとおりよ」とドセットはなぐさめたのですね。

（「ただいまアナトール」「あなたの言うとおりよ」繰り返す）

（口々に）あれ、おかしい。まだ何も言っていない。いきなりとんでいる。

T　きっと、その日の出来事を悲しそうに話したんでしょうね。そこで、アナトールになったつもりで「ただいまドセット。実は今日ね。こんなことがあったんだ。」に続けて話したことを書いてみましょう。

（4名指名）

聞き合い
話し合い

「ただいま、ドセット。今日ね、実はこんな事があったんだよ。人間たちに、ねずみどもはフランスじゅうのはじだとか、どろぼうと同じだとか言われたんだ。ぼくは、人から軽べつされたり、のけ者にされたりするなんてたまらないよ。でも、ガストンはどうだっていいなんていうんだ。ぼくはね、ねずみにだってめいよってものがあると思うんだ。」

（みんなで）「あなたの言うとおりよ、アナトール。」
（口々に）合っている

「ぼくたちが食べ物をあさるということは、あたりまえと思っていたけど、実は、人間にとっては、いやらしい、きたない、フランスじゅうのはじ、どろぼうとかいうんだ。それでガストンに知らせたら、そんなことかといって相手にしてくれないんだ」

「あなたの言うとおりよ、アナトール。」（あれ、合わない）
（何が合っている、合っていないのか話し合い、自分の言葉の中に人間にねずみを馬鹿にされたこと、ガストンはそんなことどうでもいいと言うこと、ねずみにもめいよというも

(2)悲しみから喜びへと変化するアナトールの気持ちを読み取る。

黙読

サイドライン

のがあるということがおさえられているか確認をする。）

T（絵を指しながら）悲しそうに帰って来たアナトールがこんなうれしそうな顔に変わってきたきっかけは（はじめにTさんが言ってくれましたが）何でしたか。

・「何かお返し」の言葉で何かできると、はっと思いつき、そこからうれしくなってきた。

T　うれしそうな様子がどこから浮かぶかもう少し考えてみましょう。

（黙読）サイドライン

・はっととび上がって、おどり回ったところ

話し合い

ひとり読み

（音読メモ・音読のしるし）

・「無理じゃない。無理なものかね、君。君の」と言葉を二度も繰り返しているところで、興奮しているアナトールが浮かんでくる。

（ゆっくり板書し、繰り返しの表現に着目させる。）

T　では、悲しそうな顔からうれしそうな顔へと変わっていくアナトールの表情がうかぶように音読をするためには、どのように読めばいいか台本に音読メモを書き入れましょう。

（ひとり読み）

・「何かお返しができるといいんだけど——。」の棒ダッシュに何か気持ちが入ると思うので十分間をとる。

・（付け加え）そこに「何かお返しができるといいんだけどどうしたら人間たちに喜んでもらえるかしら。」という気持ちが入っているから、十分間を取る。

・すごく考えているように読めばいい。

・「無理じゃない。無理なものかね、君。……」のところは大喜びをしているように大きな声で読めばいい。

・「あなたの言うとおりよ。アナトール。」のところは、悲しそうだからゆっくり読む。

・なぐさめるようにやさしく読む。

話し合い
聞き合い　←

4．音読の練習をする。（班）

T　まだたくさん工夫があると思うけど、こんどは、音読で工夫しましょう。

（音読メモをもとにして、班で役を決めて練習をする。）

（音読発表をし、よく読めていたところを認め合う。）

八　結果と考察

視点①　ひとり読みができたか。

一時間に二つのひとり読みを入れながら、授業を構成していった。一人ひとりの学習を保障することにより、児童は自分なりのペースで授業に取り組むことができた。その時、さあ書きなさいではなく、書きたくなるよう絵画化をはかったり、吹き出しにしたり、会話を想像したり、手紙を書いたり多様な活動を取り入れることによって、楽しみながら学習した。
音読メモによる音読の工夫については、個々の工夫を認めていき、内容理解がなされていれば、同じに揃える必要はないと考え、話し合いも収束させていかなかった。場面を追うごとに学習の方法になれ、自分達でどんどん書き込み、活発に工夫を発表した。音読メモは、簡単に書き込めることもあり、ほとんどの児童が抵抗なく取り組めた。また、重要語句や文に着目させるとともに、児童が自分の読みを創り出す、つまり、理解と表現をつなぐ手立てとして有効であった。
しかし、理解力や表現力が不足していたり、作業に時間がかかったりする児童は、サイドラインを引くのが精一杯であったり、会話文が文脈にあっていなかったり、未達成なひとり読みが見られたため、つまずきを把握し個別に補うようにした。

視点② 台本づくりができたか。

二年生を招待して「アナトール工場へ行く」の音読劇発表会をするための台本を作り、音読の工夫をしていくことがこの学習の目当てである。そのため、人物の行動や気持ちを考えて、吹き出しや会話文・手紙文などを挿入し、音読メモや音読のしるしをつけ台本を作っていった。そして、台本に基づいて、班で役割を決めて練習し、毎時間の終わりに発表しあった。（ビデオ）
児童の台本に見られるように、下段に課題解決のためのひとり読み・絵など自由に描けるスペースをとったこと、会話文や手紙文・吹き出しなどを挿入したことで、学習に変化と自分で作っていく楽しみが生まれ、「いつもはあまり好きではないひとり読みも楽しかった。」と、児童も意欲的に取り組んだ。

視点③　読む意欲を高めることができたか。

・学習の感想を見ると、ほとんどの児童が毎時間の学習が楽しいと答えている。また、楽しくないという児童も「発表したいのに、自分達の班が発表できなかった。」「もっと国語の時間が欲しい。」などの理由で、意欲の現われととらえることができる。

・「二年生に音読劇発表会（紙人形劇）を見せてあげよう。」という単元を貫く目当てを設定したことで、学習の目当てがはっきりし、「音読を工夫し、劇をするための台本を作る」と、見通しを持って学習できた。また、みんなで協力して工夫しながら創り上げる楽しさは、子ども達の意欲を高め、持続させたと思う。（ビデオ）

・ひとり読みを入れることで、単に楽しいでなく、確かな読みに支えられた音読表現ができ、それだけに工夫して音読ができたという満足感も大きい。

「自分で学習の方法が分かり、見通しを持って学習できた。疑問が解けた。初めの読みが深まり、変容していくのが実感できた。工夫して音読（表現）できた。自分の活動できる場があった。」など、ひとり読みと表現、活動が結びついたとき、物語を読む楽しさが分かり、読む意欲も高まってくるといえるのではないか。

九　研究の成果と今後の課題

○意欲を持って学習できる単元の目標の設定と音読の工夫・台本づくり

ひとり読みから話し合いではいつも受け身であった子ども達を音読・朗読活動を生かすことによって、授業の主役にすることができるのではないかと考え、取り組んだ実践であった。

音読・朗読活動を生かした学習展開とは、たんに音読を取り入れた授業ではなく、音読・朗読を中心にした授業である。子どもが音読で自分の読みを深め、表現し、意欲を持って学習したとき音読（朗読）が生きたと考えた。

学習が進んでいくにつれ、子ども達から「劇ではなくて、紙人形にして見せてあげたい。」と言う声が出てきた。「いや、自分達で演じた方が動きが出せる。」「動作をつけるには、台本を覚えていないとできない。」「周りの様子も紙人形にした方が表しやすい。」「二年生も紙人形劇にした方が喜ぶのではないか。」……と話し合う中で、受け身から、自分達で作っていくんだという学習の構えに変わってきた。

「終わりの感想は、人形に語らせよう。」「この動きをだすために人形の工夫をしよう。」「ここは、町に行っている場面だから、書いていないけど時間の間がある。続けてすぐ読んではいけない。」と、動き、間、気持ち、場面の様子などを考えながら紙人形を作っていく過程は、まさに、仮説で述べた高橋・小森先生の説の通りであった。

今まで指導計画の半ばになると子どもも教師も授業に飽きがきたという経験がある。しかし、「紙人形にして二年生に見せてあげたい。」という目当てを持って、音読の工夫をしながら台本を作る活動によって、興味を持続させ、読む意欲を高めることができたと思う。自分の読みを工夫しながら、班で協力して創り上げたことも読む意欲を高めたといえる。

クラスには、話の得意な子、書くことはできても発表が不得意な子、文字表現はできないが音読は喜んでする子など、いろいろな子ども達がいる。そういう子ども達を一人残らず学習の場に引き出す音読の効果も実感した。

○ひとり読み

多様な書く活動を入れたひとり読みは、「言葉に反応し、確かに読む。一人ひとりが想像を広げながら楽しく読む」上で、欠かせない活動であった。ひとり読みと音読の工夫を結び付けることで、ひとり読みも音読も生き、読む意欲も高まったと思う。

しかし、内容を理解し、どんどん自分の思いを育てながら読む児童と、書けない読めない児童、作業のはやい子と自分から何も取り組もうとしない児童など、個人差が大きく、時間の配分や配慮を要する児童への対応など、課題も残った。

十 おわりに

音読は、いつでもだれでもすぐに表現できる言語活動であるが、音読を生かした授業展開の在り方は、教材によって、あるいは、説明文か物語文かジャンルによっても異なってくる。今後も、音声言語活動を生かした学習展開、指導方法の工夫をすすめ、子どもの学習意欲を高めていきたい。

今、一教材における指導時間が短くなっている。その中で、つけたい力・評価基準を明確にし、求める力がついたか評価していくことがより求められている。限られた指導時間の中で一人ひとりに力をつけるには、ねらいも活動もしぼっていかなければならない。

「アナトール工場へ行く」で言えば、ねずみに対するアナトールとガストンの考え方の対比、アナトール自身の気持ちの変化などを中心に葛藤の場面、状況が大きく変わる場面を取り上げ、後は音読でいくなど、単元の、また一時間の授業展開に軽重をつけていくことが考えられる。

ただ、短い時間で力をつけていくために指導を前面に出し、児童は聞いて学ぶ授業や問答型・一問一答型の授業に陥らないようにしたい。

二　確かで豊かに読ませる
文学教材の指導

増　田　義　法（当時・広瀬小学校）
実践の場・校内研究会
実践年・昭和六十三年（当時四十六歳）

一、文学教材における指導過程の工夫
――三段階指導の取り組み――

1、学級における文学教材の指導

児童に読書をすすめる人から「学校の物語文を扱う国語の授業は、難しいことばかりを話し合っているから、かえって児童を読書嫌いにする。自分で自由に読ませ、読書領域を広げるには教師が朗読してやればよいのではないか」と何度か指摘された。この言葉に対して、教育現場に携わる教師が実践によってどのように答えるかを考え続けた。

個人による読みと、集団による読みでは目的が少し違っている。学校の国語授業では、児童一人ひとりの読解能力が違っているなかで、興味を持続させながら授業展開をさせなければいけない。さらに、学習後には読みの力をつけることが求められる。

2、大切な指導内容

文学教材の指導では次の三つの指導が重要であると考える。

作品に描かれている人物、事物、出来事、風景をイメージ化させ、豊かに読ませる。作品に描かれている書き手の問題にしていることを探り、主題にせまる読みをする。登場人物の感動的な行為に共感をしたり、優れた表現を味読させることによって、読み手である児童に文学的感動体験をさ

せることにねらいがある。

想像力豊かに読ませる授業が中心であれば、児童の発言は活発であるが、内容を深く読み取りにくい。児童の疑問を中心に「なぜ、○○なのだろうか」という課題を解決する授業であれば、論理的思考に優れた児童の発言が重んじられ、授業参加児童が少なくなる。学年や教材によって多少の違いはあるが、共通の基本的な指導法はあると考えて、この三つの指導内容を取り入れた授業の組み立てを研究した。

3、指導過程に読みの三要素を

学校での学習は、教材全体の指導の組み立てとともに、一単位時間の流れをどのようにするかが重要である。そこで、文学教材における読みの指導要素として、次の三つを考えた。

・豊かに読ませる→　読み広げる
・確かに読ませる→　読み深める
・読み味わわせる→　読み味わう

とした。この読みの三要素を、一作品を通しての指導と一単位時間の中にどのように組み込むかが学習展開の工夫となってくる。

①文学教材全体を通しての読みの要素配分

三つの要素を取り入れた学習活動を教材全体指導の中に取り込むようにした。指導の前半と後半では、要素の時間配分・発問の内容が異なってくるのは当然である。作品を、起・承・転・結の四段階の組み立てとすれば、その配分の目安を次のように考えた。三つの要素の指導順序は、読み広げる→読み深める→読み味わうの三段階を基準とした。

面積比が指導時間の長さのめやすである。横軸は、教材全体の指導の流れである。前半は教材を豊かに読ませるために読み広げる活動に時間をとり、後半になるにしたがって、より確かに読み取らせるために読み深める時間配分を多くしている。

読み味わう段階では、みんなで学習したことによって深い読み取りをしたものをもう一度児童一人ひとりに投げ返し、作品を読んだ充足感を持たせた。そのことが読書への意欲づけと読解力の向上になると考えた。

	Ⅰ読み広げる	Ⅱ読み深める	Ⅲ読み味わう
一場面（起）	1/2	1/4	1/4
二場面（承）	1/2より小	1/4より大	1/4
三場面（転）	1/3	1/3	1/3
四場面（結）	1/4	1/4	1/2

②一単位時間における読みの要素配分

一単位時間の授業は前半に読み広げる活動を多く行い、後半になるにしたがって読み深める学習を行う。導入部分では学級全体の児童が楽しく授業に参加するようにする。

読み広げる段階では、児童個々の描くイメージが大切であり、多様な読みが容認される。したがって教師は、発言にたいして肯定的な姿勢でのぞむようにする。読み深める段階では、だれの読み取りがより確かであるかをていねいに話し合うようにした。

一単位時間の指導段階 →		
Ⅰ 読み広げる	Ⅱ 読み深める	Ⅲ 読み味わう

4、授業における手立てについて

確かに豊かに読み取らせる手立てとして、なにを、どのように読み取らせるか、一単位時間の指導において示した。

	読みの要素	発問の内容	指導の方法	読み手につける力	教師の配慮
第一段階	Ⅰ　読み広げる ・情景イメージ・事物イメージ ・人物イメージについて児童のイメージを拡充する	情景発問 ・○○は、どんな様子ですか ・○○は、どんなものですか ・○○はどんな人ですか	・読み手に個々人のイメージを発表させる ・絵に描かせる ・実物を見せる ・動作化をさせる	・一人ひとりの子どもに豊かな想像力をつける	・子どものイメージをすべて肯定する
第二段階	Ⅱ　読み深める ・人物の関係、状況、人物の行為について深く考える	理解発問 ・なぜ、○○のようになったのですか ・どうして、○○のようなことをしたのですか	・話し合いをさせる ・グループによる討議をさせる ・表にまとめさせる ・関係図を作製させる	・作品の主題にせまらせる ・想像力をつける	・前後の場面からも思考させる ・深い読み取りには評価する
第三段階	Ⅲ　読み味わう ・人物の行為に共感する	心情発問 ・そのとき、○○はどんな気持ちがしたのだろう	・人物の気持ちをふき出しに書かせる ・会話文を書かせる ・感想を書かせる ・気持ちをこめて朗読させる	・人の気持ちを思いやる ・豊かな情感を養う	・中心人物の気持ちを考えさせる

二、「太郎こおろぎ」（今西祐行　作）の授業実践

1、三段階の指導による授業展開の全体構想

	一場面	二場面
Ⅰ読み広げる	◎さびしい山おくの学校	◎太郎
Ⅱ読み深める	○「わたし」 ●「しょうじ学校の道運動場」とひやかした	○「わたし」と太郎
Ⅲ読み味わう		●こわくてだれも先生に言いつけません（先生に言いたいことを書く）

	三場面	四場面
Ⅰ読み広げる	○消しゴム ○ひみつの穴	◎太郎と村長
Ⅱ読み深める	◎「泣くな…」（太郎の行動力と太郎の様子） ◎「こおろぎがないているんです」（級友の心配） 「リリ、リ　リリ、リリ…」（太郎の性格）	
Ⅲ読み味わう	◎床下に入った太郎（太郎のつぶやき） ◎床下にいる太郎（語り手の立場で書く）	◎楽しい山の学校 ＊どんなことを思い出しているでしょう

※授業にかける時間のめやす　◎大　○中　●小

2、学習指導案

①　第三学年

②　題材「太郎こおろぎ」今西祐行　作

（光村図書出版　三年上）

③　題材について

・腕白だが素朴な人間性を持った太郎が、しのちゃんの消しゴムを拾いに床下にもぐっていて、授業中先生に見つかりそうになったところで、とっさにこおろぎの鳴くまねをして、うまくその場を切りぬけようとした。かって同じ教室で学んだ「わたし」が、さびしい山奥での楽しい思い出として語る童話である。

・この童話は「わたし」という語り手の目を通して、登場人物の様子がいきいきと描写されている。叙述に即して、太郎のしたことや言ったこと、様子を読み取らせるだけでなく、他の登場人物像を確かにとらえさせたい。また、作品全体から、「わたし」（語り手）がとらえた太郎の人柄と自分（読み手）のとらえ方と比べながら話し合わせて、太郎の人間像をイメージ豊かにしながら、優しく信頼できる人間性にふれさせたい。

・学級では、音読指導として国語教材を大きな声で一斉読み・一文読み・段落読みをしている。理解指導では、登場人物のイメージを広げる読みの指導、話の筋をつかむ読みの指導をしている。

・本時は、イメージを広げる→内容を深める→読み味わうの三段階の授業展開を試みたい。

④　単元の目標

・がき大将のうらにあるユーモラスで優しい太郎の人柄を読み取り、素朴な人間性の素晴らしさを感じとって、心情を豊かにする。

・登場人物についての語り手のとらえ方と自分の考えを比べながら読み、感想をまとめることができる。

資料

太郎こおろぎ

今西祐行

たしか、まだ二年生か三年生のころでした。わたしは、父の仕事の関係で、しばらくさびしい山おくの小学校に通ったことがありました。

本当に小さな学校で、ろう下と教室の間には、紙しょうじが入っていました。運動場は、道を広くしただけの所で、体そうをしていると、ときどき牛がモーと鳴きながら、車を引いて通りました。

となりの町の小学生たちは、

「しょうじ学校の、道運動。」

と、わたしたちの学校のことをひやかしていました。

その学校のわたしの組に、太郎というたいへんないたずらっ子がいました。太郎は、がきだいしょうでいばっていましたが、都会から来たわたしには、なんとなく親切にしてくれました。

「ええか、お前をいじめるやつがいたら、こっそりおれに言え。そしたら、おれが、そいつをなかしてやるからな。」

そんなことを言ってくれたりしました。

太郎は、しのちゃんという女の子とならんでいましたが、二人のつくえの下には、ひみつがありました。つくえの下のゆか板に、ふしあなをけずったあながありました。もちろん、太郎がけずったものです。

太郎は、ときどき、いりまめなどをポケットにしのばせてき

て、こっそり教室で食べました。まめのかわは、そのあなに落としますし、えんぴつのけずりかすなどもすてていました。

また、そのあなには、木のわかえだをけずって作った刀が、何本もかくしてありました。休み時間になると、その刀をふり回して、女の子や弱い子をおい回すのです。みんなそれを知っていましたが、こわくて、だれも先生に言いつけませんでした。

ある日、しのちゃんが、小さなブラシのついた新しい消しゴムをもってきました。

「なかなかいい物、もってきたな。よしよしつかってやるぞ。」

太郎はそう言って、さっそく何やらごしごしと消し始めまし

三場面

た。ところが、手がすべって、しのちゃんの大事な消しゴムが、ひみつのあなから落ちてしまいました。しのちゃんは、なきだしそうでした。

「弱虫、なくな。おれが今、とってきてやる。」

と、太郎は、すぐ教室をとび出していきました。

どこからもぐりこんだのか、太郎は、教室のゆか下に入っていきました。でも、ゆかの下はくらくて、くものすやほこりだらけで、なかなか見つかりそうにありません。そのうちに、授業の始まるかねが、鳴ってしまいました。

しのちゃんはこまって、授業中も下ばかり見ていました。そして、とうとう先生に見つかってしまいました。

「しの、下ばかり見て、何してる。」

しかし、しのちゃんは、自分の消しゴムをとりに行ってくれた太郎を、先生に言うのは悪いと思いました。そのとき、ゆかの下で太郎におわれたこおろぎが一ぴき、あなからとび出してきました。

「こおろぎが、鳴いているんです。」

と、しのちゃんは、とっさにそんなことを言ってしまいました。

「何、こおろぎ。なんて鳴いている。先生に教えておくれ。さあ――。」

先生はそう言って、しのちゃんにこおろぎの鳴きまねをさせ

ました。

「リ、リ――。」

と、しのちゃんは言いかけましたが、みんながどっとわらったので、目になみだをためて下をむいてしまいました。

ところが、そのとき、ゆかの下から、しのちゃんの後を受けて、

「リリ、リリ、リリ――。」

と、声がしてきたのです。先生も子どもたちも、びっくりして耳をすましました。やがて、クスクスとわらいだしました。

だれかが、

「太郎こおろぎだっ。」

と言いました。今度は、先生もふき出してしまいました。

四場面

こおろぎが鳴くころになると、わたしは、いつも思い出します。楽しい山の小学校でした。

この間、風のたよりに聞きました。太郎は、今、村の村長さんになっているということです。そして、二、三年前、りっぱなコンクリートの学校をたてたということです。

絵　中尾　彰

・主述の関係や修飾の言葉に気をつけて場面の様子や人物の気持ちを読み取ることができる。

⑤　指導計画

第一次　……2時間

ア、全文を通読し、あらすじをつかむ　（1）

イ、はじめの感想を発表し、学習のめあてを設定する　（1）

第二次

場面ごとの情景と登場人物の人柄や気持ちを読み取る　3時間

ア、山奥の学校の様子と「わたし」の位置づけを読む　（1）

イ、太郎のがき大将ぶりと「わたし」の関係を読み取る　（1・本時）

ウ、床下の太郎とそれをとりまく人物との心のふれあいを読み取る　（2）

エ、現在の様子を読み取り「わたし」の気持ちを考える　（1）

第三次　……一時間

二次感想を書く

⑥　本時の目標

「わたし」に対する太郎の態度や教室での、がき大将ぶりを読み取ることができる。

⑦　本時の授業の展開

	Ⅰ段階　読み広げる	Ⅱ段階　読み深める	Ⅲ段階　読み味わう
学習活動	1、前時の想起と本時に学習することの確認をする ・本時の学習場面を読む ・前時に学習した学校のイメージを発表する ・語り手を確認する 2、太郎の人物像をさぐる ・太郎の人柄について話し合う ・太郎を想像する	3、「わたし」と太郎との関係を考える ・がき大将の裏にある優しさを読み取る	4、先生に言いつけたいことを書く ・太郎のことで、先生に一番告げたいと思っていることを書く ・発表する
指導者の手だて	〔その学校のわたしの組に、太郎というたいへんないたずらっ子がいました。〕の文を提示する ○その学校、わたし、太郎に注目させる ○文章に表現されている太郎の行為、口のきき方などを手がかりにさせる ○太郎の顔、姿など自由に想像させる ○教室の様子にもふれる	○がき大将でいばっているが……の「が」に注目させる	○吹き出しとして書かせる用紙を用意しておく
主な発問	・「その学校」というのは、どんな学校でしたかね ・「わたし」というのは、誰でしたか ・太郎はどんな子でしょう	・太郎は、どうして「わたし」に親切にしてくれたのでしょう	・太郎がこわいから、先生に言いつけないのですね。みなさんが、教室の一人になって、先生に言いつけたいことを書いておきましょう
予想される児童の反応	・山おくの小さな学校 ・山おくのさびしい学校 ・運動場が道になっている ・話をすすめる人 ・がき大将　・いじめっ子 ・いたずらっ子	・ふし穴をけずった ・いりまめを食べた ・刀をふりまわす ・都会からきた ・かばってやりたかった	・弱い人はかばう ・味方にしたい

3、授業記録

学習活動1．前時の想起と本時に学習することの確認をする。

T．今日は、番号をつけた③の所（形式段落3）から勉強するよ。

T．今日新しく出てくる人は誰でしょう。

C．（大多数が）太郎、しのちゃん。

T．読んでもらいましょう。

C．※③～⑤段落まで（第二場面）を四人の児童が指名読みをする。

T．最初の文をみんなで読んでください。（次の文を書いた紙を黒板にはる。）

その学校のわたしの組に、太郎というたいへんないたずらっ子がいました。

T．その学校というのは、どんな学校だったかな。

C．前の時間に発表したことも言っていいですか。

T．いいですよ。新しく考えたことも発言してください。

C．小さい学校です。

C．古い学校です。

C．都会から来た人にはおもしろくなくても、古くからいる人にはおもしろいところです。

C．木でできている。

C．紙しょうじでできている。

C．まどが、ガラスでなくてしょうじ紙でできている。

C．遊び道具が運動場に少ない。

C．運動場がせまいので、ろう下で遊んでいる。

T．「わたし」というのは、だれですか。

C．しのちゃんです。

C．いいえ、おはなしをする人です。

C．作文や日記のうまい人です。

第一段階・「読み広げる」

学習活動２．太郎の人物像をさぐる

T．太郎のことについて勉強していきましょう。太郎はどんな子でしょう。もう一度、自分で読んでみましょう。
C．何となく親切だと書いてあります。
C．いたずらっ子でいばっている。
C．がき大将でいばっている。
C．少しみんなからきらわれていると思います。
C．弱い女の子を追いかけまわしている。
T．太郎はかなり悪い子ですね。
C．しのちゃんの消しゴムを取りに行ってくれたから、やさしい時とがき大将の時とある。
T．太郎が、がき大将とわかるところはどんなところですか。
C．休み時間になると刀を振り回して、女の子や弱い子を追い回している。
C．「がき大将でいばっていました」と書いてあります。
C．太郎の言葉使いが、がき大将のような感じがする。
C．休み時間になると、刀を振り回すと書いてあるから、いつもいたずらをしているのです。
C．ふし穴をけずったのだから、悪いことをする子です。
（太郎の人物像について黒板にまとめる。）
T．ふし穴って何ですか。
C．木の枝だったところを切り落として、そこがふしになっているのです。
C．くさったところが、ぽこんとあながあいているんです。
T．くさったところではないが、ふしだったところが取れて穴があいているのですね。この様になったものです。（板にふし穴のあいている実物を見せる。）

刀もこんなものだったのかね。（小さい木の枝で作った刀を見せる。）

T．太郎はどんな子かな。教科書には書いてないけどみんなで想像してみましょう。

C．（太郎は）ずるがしこい子どもです。

C．でも、本当はやさしい子だと思います。

C．本当は親切で、ちょっぴりいたずらをします。

C．一日に一回はいたずらをする。

C．悪いことには、よく知恵が回る子だと思います。

T．そうね。じゃ、太郎の背は大きいかな、小さいかな。

C．大きい子だろう。

C．先生にしかられても平気な顔をしている。

C．おれみたいな子だ。（笑い）

C．（みんなと）けんかをしてもすぐに勝つだろう。

T．太郎は、体も大きくて、いばっていたんだわ。

第二段階・「読み深める」

学習活動3．「わたし」と太郎の関係を考える。

T．太郎は、そんなにいたずら者だったのね。でもちょっとちがうところもあるようですね。

C．しのちゃんにはやさしい。

C．「わたし」にも親切にしています。

T．そうですね。太郎はいたずらをしているときと、やさしいときがあるのですね。やさしいのは二人にだけじゃないですか。

C．そうです。（多数）

T．それはどこから分かるの。

（児童、困る）

C．（つぶやき）二人しかかいてないもんね。

C．がき大将でいばっていましたが、都会から来

C．たわたしにはなんとなく親切と書いてあるから、あまり本気ではないのかもしれない。
C．わたしがなんとなくと思ったので、太郎は本気かもしれないですよ。
C．二人でいるときは親切で、みんなでいるときはこわいのかもしれない。
T．そうね。太郎は、やさしいところといたずらなところの両方あるのですね。どっちが強いの。
C．いたずらです。
T．どうしてですか。
C．いばっていました「が」と書いてあるからです。
T．どうです。（やや、教師が無理をして「が」を引き出している。）
C．そうです。（多数）
T．太郎はどうして「わたし」には親切にしてくれたのでしょう。
C．先生にいたずらを言いつけるからではないですか。
C．「わたし」はやさしい子だからです。
C．かわいい子だから（「わたし」を女の子だと思っている児童多数あり）
C．「わたし」が弱い子だから太郎がかばっている。
※町から来た子ということに目を向けてほしいが、そこまで気づかない。
T．やさしいところがあるが、太郎はいたずら者でクラスの人は困っていることがたくさんありますね。どんなことがあるか。これから読むところに棒線を引いてください。
（段落④と⑤を読む。※棒線を引く間待つ）
T．それでは、太郎のいたずらについて発表してもらいましょう。
C．机の下に穴をあけています。
C．学校へいり豆を持ってきています。それでいり豆をこっそり食べています。

C．木のわか枝をけずった刀を穴にかくしている。

T．ほかにつけ加えることはありませんか。

C．「木の刀を振り回して女の子や弱い子を追い回すのです。（と書いてあります。）

C．穴の中へいり豆やエンピツのけずりかすを捨てたのです。

T．その穴には太郎だけが捨てたのでしょうか。

C．太郎だけです。

C．太郎について捨てた人もいるよ。

第三段階・「読み味わう」

学習活動4．先生に言いつけたいことを書く

T．そんなことをする太郎なのに、太郎がこわいからだれも先生に言いつけないのですね。皆さんが教室の一人になって、先生に一番言いたいことをこの用紙に書いておいてください。（ふき出しの紙を配布する）

【児童の書いたことば】

○ 刀をふりまわしていじめるから、先生に言いたいよう。

○ 太郎に刀でいじめられるから困る。

○ 先生、太郎が休み時間になると、刀をふりまわして女の子や弱いものをいじめるので、先生おこってください。

○ 太郎にさんざんにいじめられて困っている。

○ 人のものを勝手に使うから困る。いり豆をこっそりと食べている。

（一番言いつけたいこととしたので、刀をふりまわすことに集中している。）

4、授業を終えて

○ 研究は広島市立広瀬小学校においてタイトル通りのテーマで、効果的な指導法を求めて四年

間取り組んだ実践指導の一端である。

○　本時は、九月の実践であり、校内の研究授業であったので、読みの三要素をどのように取り入れて展開するか、とくに工夫をしている。

○　文学教材の授業では、前半での広げる読みによって、多くの児童がいきいきと活動した。

○　「わたし」と太郎の関係について考えさせるとき、「都会から来たわたし」について考えさせるべきであった。

三　低学年の教材研究・二つの工夫

――文章構成図と吹き出し図（法）――

吉永正憲

はじめに

授業がうまく進むかどうかは、教材研究の深さにかかわっている。しかも、それには、児童と一体になっている学習が求められる。

私は、教材を深く読むために――文章構成図や吹き出し図――を自分で書くことにしている。書く内に発問と児童の姿が浮かんでくるからである。時には自分の理解不足で立ち止まることもある。そこは、児童にとってもつまずきの原因となるところと考えられる。現実の担任児童と対話しながら完成させる心の教材研究でありたい。この記録は、当時の授業記録から抜粋し再構成したものである。

1　一年「くじらぐも」の場合

当時・神崎小学校
発表の場・校内研究会
実践年・昭和六十年（当時・四十九歳）

（一）教材研究

○文章構成図と発問

(1)文章構成図を自から書くことで、読み取りがより深くなる。自分の読み取りが曖昧であったりすれば、書くことに立ち止まってしまうことになる。このことから逃げることなく、立ち止まったわけを反省すれば、発問に関するヒントを得ることができる。「くじらぐも」（本時）にある「　　」の空白は、構成図を書くことで気付いた発問のヒントである。

発問は、児童の答が予想できるものでなければならない。実際の授業実践では、児童の答を三通りくらい予想して書いておくようにすれば、たいていの場合失敗しない。

(2)物語の段落分けをする。
①体そうする子ども達とくじらぐもの出現。
②くじらぐもにとびのろうとする子ども達。
（本時）二時間扱い
③くじらぐもにのった子ども達。
④くじらぐもに、さようならする子ども達。

(3)（くじらぐもにとびのろうとする子ども達）の場面の文章構成図。（本時）

男の子も、女の子も、はりきりました。

「天までとどけ、一、二、三。」

と、ジャンプしました。

「もっとたかく。もっとたかく。」

と、くじらぐもが　おうえんしました。

「　　　　　　　　　　」

こんどは、……………

「　　　　　　　　　　　」

と、くじらぐもが　おうえんしました。

「　　　　　　　　　　　」

そのときです。

（二）実際の概要

○目標について

一年生を担任するのは三回目であるが、今回の小学一年生の指導では、暗記力の発達がすばらしいことを発見した。一人一文読み、グループ読み、一斉読みを暗誦して劇化する事が案外たやすくできるものである。意欲のある児童は、全文暗誦もできるようになる。

〔学年目標〕はっきりした発音で、音読することの指導。

〔単元名〕くじらぐも

〔単元の目標〕・場面ごとの様子を思い浮かべながら、はっきりした声で音読することができるようにする。

・語句の意味を正しくとらえ、その使い方を理解できるようにする。

2　二年「白い馬」の場合

当時・牛田小学校

発表の場・湯の山夏季合宿

実践年・昭和四十八年（当時・三十七歳）

（一）教材研究

(1)　想像読みのための吹き出し図〈法〉の工夫

登場人物の絵を描いてそこで想像したことを話しているかのように書かせたり、口頭で発表させたりする方法である。想像をふくらませて読みを豊かにするために、効果がある。

吹き出し法は、あらかじめ用意したワークシートに、児童の想像したことを書かせることができる。児童の発表を、教師が黒板に直接書くこともできる。また、教科書の挿絵を参考にして想像させることもできる。

いちばん正確な学習は、ワークシート方式であるが、この形式にこだわると、マンネリ化して、いたずらに時間の浪費につながってしまうことが多い。さらに、想像読みは、指導計画の「導入・展開一・展開二・終末・展開」の段階で、それぞれねらいが違ってくるのは当然である。

・導入段階では、一次感想文で、児童個人の理解度を評価できる。

・展開一段階では、登場人物や場面に児童がどのような課題を持っているか知ることができる。

・展開二段階では、段落ごとの読みの深さや、児童の個性の違いを知ることができる。

・終末段階では、二次感想文によって物語全体の読み取りの深さや、言葉に関する学習の理解度を評価できる。

・発達段階では、他の読み物など、新しいものに取り組む意欲がついたか確かめることができる。

※ここでとりあげてある想像読みとは、空想読みではない。創造につながる想像読みをもとめたものである。

○昭和四十三年版学習指導要領（読むこと）

☆人物の性格や場面の様子を想像しながら読むこと。(3ウ)を具体化したものである。

その内容は、以下のようなことを目標としている。

・その人物がどんな人だったか想像する。

・そのとき、その人はどういうつもりであったかを想像する。

・その場面や情景を想像する。

・読んだことについて、自分の持った感想をまとめる。

○白い馬・吹き出しワークシートの例

（第七時・展開二の第三時間目）（本時）

(2)　「白い馬」の教材研究二つの工夫

○［教材研究その一］

物語を六場面に分け、場面ごとに吹き出しのた

めのワークシートを作成した。

①むかし、モンゴルにスーホというひつじかいが、母といっしょに暮らしていた。

・（想）スーホは、広い広い草原に出て、どんなことを考えているでしょうか。

②ある日、スーホは、白い小さな馬の子を拾ってきた。

・（想）スーホに助けられた子馬は、どんなことを思ったでしょう。

③スーホの世話で、子馬は、たくましく育った。ある晩、白い馬は、羊をおおかみから守った。

（第七時・展開二の第三時間目）（本時）

・（想）おおかみをおいはらったあとで、スーホと白い馬は、どんな話をしているでしょうか。

④スーホは、競馬で一等になったが、王様にうらぎられ、馬をとり上げられた。しかし、白い馬は、王様のところから逃げ出した。

・（想）スーホは、白い馬を王様にとり上げられた時、どんなことを思ったでしょう。

⑤白い馬は、身に何本もの矢を受けながらも、心配しているスーホのもとに帰って来たが、死んでしまった。

・（想）スーホのところに帰って来た白い馬は、

どんなことが言いたかったでしょう。

白い馬が死ぬ時、スーホは白い馬に、どんなことを言ったでしょう。

⑥スーホは、夢の中で、白い馬に言われたように琴を作った。その琴の音は、美しくひびき、人々の心を揺り動かした。

・（想）スーホは、琴になった白い馬と心の中でどんな話をしているでしょう。

○〔教材研究その二〕

・これに加えて、（教材の意味構成図・学習活動と思考過程・留意点）も作成した。

○実際の学習活動では、第二時間目に書かせた一次感想文を参考にして進めた。

（二）実際の概要

(1) 目標について

〔学年目標〕・長いお話をおわりまで読むことの指導

〔単元名〕・白い馬

〔単元の目標〕・身近な動植物への親しみや、やさしい心情を育て、なかよく親しみあう態度を育てる。

・身近な動植物への親しみや、やさしい心持ちを持ち、豊かな想像力や詩情をもった人間になる。

(2) 指導計画

・一七時間扱い

導入・（三時間配当）

①学習課題を持つ。

②一次感想文を書く。

③個人で調べる。

展開一・（一時間配当）

④調べたことの発表と話し合い。

展開二・（六時間配当）

一～六の各場面を読み、その時間の読みの課題を確かめて、解決する。

⑤スーホはどんな心の人か。

⑥なぜ白い馬をたすけたか。

⑦どんなにしてなかよくなったか。
（本時）
⑧スーホのかなしみはなにか。
⑨スーホのねがいはなにか。
⑩なぜ、白い馬は生きているのか。
終末・（四時間配当）
⑪印象に残った所を話し合う。
⑫⑬二次感想文を書く。
⑭言葉に関する復習。
発展・（三時間配当）
⑮⑯⑰・A／自分の好きな本を探して読む。
B／「僕の・私のすきな○○」という作文を書く。
(3)　［本時］（展開二・第七時間目）
［本時の目標］
第三場面・「スーホと白い馬は、どんなにしてなかよしになったか」感想や考えを発表し、確かめる。
［本時の展開］

①（前時の想起）
（教）スーホは、なぜ白い馬をたすけたのですか。

（児）・おおかみに食べられたらかわいそうだから。・スーホがやさしいから。
②（本時の課題を考える）
（教）今日の勉強は、スーホと白い馬はどんなにしてなかよくなったか考えます。

（指名読み3名）上手に読めた所はどこですか。

（児）「ぼくのかわいい馬よ…」のところがよかったです。わけは、スーホがほんとうにいっているようだからです。
③（課題をだして話し合う）
（教）ぼくと同じような気持ちだなというところはどこですか。

（児）スーホの熱心なせわのおかげで、子馬はりっぱにそだちました。

（教）熱心なせわだね。

（児）からだは雪のように白く、とてもたくましい馬になりました。

(教) たくましい馬になった。これは大切だね。

(児) ・おおかみが白い馬にとびかかろうとしています。それをひっしにふせいでいました。・ぼくのかわいい馬よ、これからどんなときでも、お前といっしょだよ。というところのやさしくほめてあげたところ。

(教) おおかみとは、どんなもの?

(児) ・おそろしい動物。・つけくわえます。ひつじやなんか食べるものです。・犬みたいで、おそろしいもうじゅう。けもの。
・もとは、犬のせんぞで、ひつじなどをおそって食べる。人間から言えば、さつじんけものみたいなもの。
(教) おおかみというのは、犬の仲間、犬の仲間ですが、このおおかみは、他の動物もたべる。

(教) これを、白い馬が、どんなにしてふせぎましたか。

(児) ひっしにふせぎました。

(教) ひっしにといったらどういうこと?

(児) ・いっしょうけんめい。・つけくわえます。おおかみや、どんなやつでもかかってこいということです。

(教) いっしょうけんめいということだね。それから、スーホがそれを見つけて追い払ったと書いてあるね。どうやって追い払ったの?

(児) ・ピストルとかこんぼうをふりあげて。・ちがいます、羊飼いなんかに、ピストルなんか、買うお金なんかありません。・犬なら、みんなみたいに、シッ、シッとおいはらうけど、おおかみならもっときょうぼうだから、あっちいけとか、石を投げたり棒を振り下ろすまねなどします。

(教) それではここはどんな話だったか、簡単でいいから話ができる人。

(児) ・Aグループ(指名)・月日がたちまし

た。スーホの熱心な世話のおかげで、馬はたくましくなりました。・おおかみがひつじにとびかかろうとして、白い馬がひっしにふせぎました。そして、スーホは目が覚めて、それから、おおかみを追い払って、白い馬をほめました。・他のグループ（略）

（教）これを、ワークシートに書かせる。

④（想像・吹き出しを書く）（第七時の例図）

（教）おおかみを追い払ったあとで、このほかに、スーホと白い馬は、どんな話をしたか。二人で話しているように書いてみましょう。白い馬のことは（白）、スーホは、（ス）としておいてください。

（教）読んでもらいます。

（児）・男児9例

（白）どういたしまして、おんがえしをしたまでですよ。

（ス）ほんとうにありがとう。

（白）わたしはずっといられたらまんぞくです。

（ス）うん。ぜったいいっしょにくらそうな。

（白）もうわたしはあなたのものですから、どうしてもかまいません。

（ス）おまえは、はじめどこにいたのか。

（白）わたしもわかりません。

（ス）おれのうちは羊かいで、つまらないからな。

（白）いいえ、これでまんぞくですよ。どうもありがとうございます。

（児）他略

⑤本時のまとめ

（教）スーホは、どんなことをしたのかな。

（児）スーホが白い馬をひろってきて、その前に馬がないて、それをかわいそうに思っていて、白い馬のほうは、スーホが熱心に育てたおかげで、ありがたいと思っているから、それがいっしょになって、なかよくなったのです。

⑥本時の感想を書く
(教) どうしてなかよくなったかわかったね。
スーホと自分とくらべて、思ったことを用紙に書いてください。
(毎時限ごとに簡単な感想を授業の終わりで求めた。本時の理解の評価と次時へのつながりをつくるためである。)

(4) 終末の指導

・第二次感想を書く(第一二〜一三時間目)
・段落ごとの感想メモを書いて参考にする。
・教科書をみながら書いてもよい。
・手紙のように書いてもよい。

☆感想文・女児15の例

1・年とったおかあさんといっしょにくらしていました。
2・スーホがいいました。
3・あるばん、スーホは、馬のいななき声や犬やひつじのさわぎに、目をさましました。
4・みんなにすすめられて、
5・ねむれませんでした。
6・むちゅうでつくりました。

(本文)

スーホさん、おとうさんはどこにいるのですか。死んでしまったのですか。それとも、おしごとをして、どこかに、行っちゃったんですか。

おとうさんがいなくても、白い馬がいるからさびしくありませんよね。

スーホさんは、やさしいですね。わたしは、スーホさんみたいに、心のあたたかい人、大すきですよ。

白い馬は、スーホさんが、いい人だったから、とてもたくましい馬に、なったんですよ。おおかみにもまけない。

スーホさんが、白い馬がどんなにだいすきか、よくわかりましたよ。みんなが、白い馬が強い馬と思うほど、たくましい馬だったんですね。

スーホさんの白い馬は、とても足がはやいですね。ほかの馬とぜんぜんちがいますね。せっかく、けい馬で一頭《ママ》になったのに、王さまのあとつぎにするどころか、馬をとって、しまいましたね。

わたしも、王さまを、とてもにくんでいます。王さまに、きっと、かみさまが、ばちをあてると思います。それに、ころしてしまうなんて、もっとわるいですね。

スーホさんがとてもだいじにしていた馬なのにね。王さまってものは、もっと、いい人だと思っていたわ。

でも、ことをつくってからは、白い馬がすぐそばにいるような気もちになれて、よかったですね。でも、白い馬が生きていてくれたほうがいいでしょう。じゃあね。バイバイ。

(5)　発展

・自分に合った本を選んで読み、感想文を書く。

(三)　指導後の反省より

①想像を書かせるのは、時間がかかるが、なかには書くことによって生まれた発想もあるのではないかと思う。深く想像するという点ではよいとして、子ども達のさまざまな発表を聞いていると、これをどうまとめるか困った。よく分からないまま、子どもそれぞれが自由に受け止めればよいと思って、授業を進めた。(第五時間目)

②いつもよくばりすぎて、一時限授業では、まとめが十分にできない。

1・本時のテーマの確認。
2・大切なところと、あらすじのおさえ。
3・場の設定と想像することとの関係。
4・感想と、本時のテーマの確認。

というように、授業の流れは、ほぼ一定になってきた。この流れは変えないように注意すべきである。(第六時間目)

③(吹き出し法による想像文)を読むと、おせじ

も必要、おんがえしも必要。おうた子に教えられ、の感がする。まだ、読み取りの浅い子もいて、間違ったことを考えている子もいるが、その子に納得がいっていれば、それで良いとしなければならないのかも知れない。場の設定、時、所のおさえがたりなかったようだ。（第七時間目）（本時）

おわりに

教材「白い馬」の指導記録を今になって読み返すと、二学年には、三月教材ではあるが、程度の高いところを望んでいたと思う。しかし、児童には興味ある読み物であった。指導にも熱をこめて真剣に取り組んだ教材である。そのため、授業構成の工夫等無駄がなくなって、多くの点で学ぶところがあった。

二学年のためなら、もっと指導内容を絞っていくのがよかった。三年生のための指導ならこれでよいと思う。なぜなら、同じような内容の「なぜ」という質問に簡単に答えてくるようになっているからである。いつも欲張りすぎて、ゆとりをなくしていたことを反省する。もっと教師自身が楽しみながら読むことを考えればよかったと思う。

一学年の教材「くじらぐも」では、家庭学習で暗記してきたことを、学校で発表することが、自信につながっていることを知った。一年生には、すばらしい暗記力があることを発見したことは驚きであった。

指導は、子ども達が、教材に真剣に取り組むことから始まる。楽しみながら読むことは、教師側の修養事項であると反省している。

四　読解・読書論に取り組んだころ

梶　矢　文　昭（当時・幟町小学校）
実践の場・国語同好会授業研
実践年・昭和四十七年（当時・三十二歳）

今は昔、と言っても三十数年前、昭和四十六、七年頃の話であるが、実践研究の姿としては遠い昔の話のように思える。

昭和四十六年の夏、その年の湯の山合宿研究会が終わる日に話を持ちかけられた。次年度の発表をぜひあなたの学校で受けて欲しい、というのである。

当時、私は幟町小学校に勤めていた。

そのときの幟小の校長は、平川逸實先生。当時の広島市小学校国語研究会の会長であった。合宿研には当然参加しておられたし、学校に帰って校長からも勧められた。個人発表ではなく、学校の取り組みとして発表する形にして欲しいという合宿研担当者からの意向も伝えられた。

テーマは「読解型の授業と読書型の授業について」というもので、その頃国語教育界で関心を集めていたテーマであったが、私には、何をどう取り組んでいいものやら、皆目、見当もつかないようなものであった。

当時の幟町小国語関係の先生方は七、八名おられたが、集まってもらい、相談して、若手で研究チームを作ることとなった。メンバーは、横田栞先生、西阪（水川）歌子先生、林太久磨先生と梶矢文昭であった。

それぞれ後に、校長として退任しておられるが、当時は横田先生と私が三十代の前半、西阪先生と林先生はまだ二十代であった。

新進気鋭といえば聞こえはいいが、所詮勉強不足が否めない若輩者であった。だから、しゃにむにアトランダムに取り組んでいった。

まずは、「読解論」、「読書論」にかかわりのありそうな本を取り揃え、分担して読み合っていった。が、もとより中々はかどるものではない。

研究する時間は給食のあとの昼の休憩時間。ほとんど毎日のように集まった。

秋も過ぎ、だんだん時間が押し迫ってきて、扱う教材を決めることにした。公開研のとき、参観者の誰もが知っていて、説明しなくても分かる教材ということで「ごんぎつね」を選んだ。横田先生、水川先生がちょうど四年生の担任ということもあった。

それからは、理論研究に加え「ごんぎつね」の教材分析ということも研究に加わった。それは、徹底したもので、たった一、二行の解釈に一時間もかけて喧々諤々とやったときもあった。特に、横田先生が文学部の出だけに厳しかった。

理論は、主に輿水実氏の「基本的技能」の読解・読書技能を使い、当時、着目されていたＫＪ法を用いてその関係を図表にまとめる図解にしていった。ちょうど横田先生が、ＫＪ法の発案者の川喜田二郎氏が宇和島市で主催された移動大学に夏休みをかけて参加しておられたので、われわれは、それに学びながら図解を創っていった。

いよいよ時間が迫ってきて、とうとう給食を持ち寄り、食べながら進めるようになった。が、さすがに、これには他の先生方からクレームが入った。給食指導はどうなっているのか、君たちは考え違いしているぞ、というようなものであった。

言われればその通り、あれが若いものだけの集まりの勇み足ということであったのだろう。

年が明けて昭和四十七年、公開研の日を三月四日土曜日の午後と決め、国語同好会にお願いし、同好会の公開授業研という形をとってもらった。

○人間が、人間に動かされる契機は、むしろ意外なところにあるは、ふとしたもの、見過ごしてしまっても、なんでもないようなものの中に、あるようである。
いたずら好きで、陽気で、ほとんど、他の者のことなんかかえり見たこともないような、ごんが、兵十に対して、身をささげていく変容のきっかけが秘められる部分である。

○十分に思い描かせるとよい。とくに、色彩、（青、赤、白）や遠近感に留意させたい。

○動作化させ、ごんのその時の心情を考えさせるのもよい。この段階では、まだ、興味中心的なものであったろう。が、次のページの頭を引っこめきしたのは、ものうつむきかげんにゆっくりと頭を引っこめていくという動作になって、ただであろう。

やがて、白い着物を着たそう列の者たちがやってくるのが、ちらちら見え始めました。話し声も近くなりました。そう列は、墓地へはいってきました。人々が通ったあとには、ひがん花がふみ折られていました。

ごんは、のび上がって見ました。兵十が、白いかみしもを着けて、位はいをささげています。いつもは、赤いさつまいもみたいな元気のいい顔が、きょうはなんだかしおれていました。

「ははん、死んだのは、兵十のおっか

そう列（おそう式の列のこと。）

位はい（死んだ人の名前を書いた木のふだ。）

しおれる（花が―）

118

○ごん変容の契機は、ここにあると考えた。つまり、ぼろぼろの服をまくり上げ、自分の顔に葉がついてようが、からだがどろによごれようが平気であるはずの兵十が、いつになく、しおれて見える。ごんの胸中に大きなかげを残したことであろう。外見の言動はどうあろうと、心の奥底に強く残り、そのことが、そのごんの生まれて初めてであろう自責、やがては、兵十に対する次々の行為へと動かしていくことになる。

一見、元気で、にぎやかそうな兵十のかげりの中に（おそらく、ごんもそうであるがゆえに）さびしそうな姿の中にぐっと近づいていくものを感じ、共感していったのであろう。

○これは、以後の悲劇的結末の準備（布石）であり、この場面に際して、この場面の描写が、ふみ折られたひがん花と、しっとりした、陰性の様相を作者は意図的に準備しているとも考えられる。

○昼でも、夜でもいたずらばかりしていたごんが、おそらく、生まれて初めて、ただひとり思いなやむ部分である。その内容には、ほとんど客観性はないのである。兵十に関してのあれこれを、思いめぐらし、苦しんでいるいじらしさは、ほとんど片おもいの様相であろう。

○事実といえるのは、「はりきりあみを持ち出した」だけである。そのことと母親の死とは、なんら関係はないのかもわからない。床についていたということも、ごんの推量でしかないし、「うなぎが食べたい」といったかどうかなどは、推量のまた推量である。理性を失い、思考・心情とも兵十へ傾斜していく様相が、うまく描出されている。児童は、ややもすると、「母親が、うなぎが食べたい、食べたいと思いながら死んだ。」が事実でもあるかのように読んでいくものであるが、ひとりで思いつめたものだと理解させる必要がある。

あだ」ごんは、そう思いながら頭を引っこめました。

その晩、ごんは、あなの中で考えました。「兵十のおっかあは、とこについていて、うなぎが食べたいと言ったにちがいない。それで兵十が、はりきりあみを持ち出したんだ。ところが、おれがいたずらをして、うなぎを取ってきてしまった。だから、兵十は、おっかあにうなぎを食べさせることができなかった。そのまま、おっかあは、死んじゃったにちがいない。ああ、うなぎが食べたい、うなぎが食べたいと思いながら死んだんだろう。ちょっ、あんないたずらをしなければよかった。」

3

兵十が、赤いいどの所で麦をといでいました。

兵十は、今までおっかあとふたりきりで、まずしいくらしをしていたもので、おっかあが死んでしまっては、もうひとりぼっちでした。

10 麦をとぐ（刀をとぐ）

113

○／の部分での「ぴょいと……とび出て」とか「ないといたずらがしたくなって……」等の陽気で安直な行動のしかたに比べて、この部分は、ずい分と、心にひっかかりを持つ行動である。この「頭の引っこめ方」をよく考えさせ、動作化させてみれば、ごんの心情の読みとりについての状況もわかってくる。「これは、びっくりだ。」でも「ざまをみろ。」でも、「見つかったらたいへんだ。」でもないわけで、自分の内側に目が向いた状態で、いわば、あらゆるものが（客観できず）頭をめぐり、自分の心もしめていくでもいうような状況であろう。

○麦は、貧しさを連想させるが、当時の農民には常食であったはずである。

○１〜５の場面で兵十を説明（描く）する場合、すべて、ごんの目を通して書いているが、この部分だけは、作者自身の説明であり、浮き上がった[illegible]する。「まずしいくらし」と「ひとりぼっち」の語[illegible]は、つきりしないが。嫁をもらうこともできな[illegible]「くらいか。「となりとのつき合いもなかった。」というのか。

当時はまだ、土曜日の午後、子ども達を残して研究授業をすることができたころであった。

概要は次のとおり

日時　昭和四十七年三月四日（土）

会場　広島市立幟町小学校

主題　「ごんぎつね」の読解的指導と

　　読書的指導の授業

授業　読解的指導の授業

指導者　西阪歌子　先生

　　一時四十分～二時二十分

読書的指導の授業

指導者・横田　琹　先生

　　（二時三十分～三時十分）

授業についての協議会　三時半より

指導助言者　小川利雄先生、三原種晴先生、岡

　　屋昭雄先生、今石光実先生

この指導助言の先生方は、当時の広大附属小学校国語科オールスタッフの先生方で、平川逸實校長が、四人そろえて呼んでくださったものであった。

参会者は、読解型・読書型二本の同日、同会場公開ということもあって、授業にはおよそ百三十名、後の協議会にも七十名近くの方が残られた。

私達は、研究の経緯と、公開した授業をもとに課題提起を行った。

参会者からの意見は切れ目無く出たが、各論、各所見が行き交い、なかなか結論的なことは見えてこなかった。

三原、今石、岡屋の各先生が講評され、最後が小川利雄先生になって、「幟小の先生方が、悪戦苦闘したといわれたが、なるほど、その悪戦苦闘した跡は十分に伺えた。示唆に富んだものがいくつか伺えるから、さらに研究を続けていかれたい。」と、そのようなことを言われたことを覚えている。

これらを基に、昭和四十七年度の夏季合宿研の

発表にもっていった。その発表資料はB５版で八十五ページになるもので、とてもここでのスペースはない。また、いま、見直してみて敢えて紹介するほどでもないと感じる部分が多い。当時の発表資料の内容で、今の先生方に有用なものがどれくらいあるのだろうということだ。

今、思い返せば、若いときの仲間との苦労はとてもよい思い出になるということ。それに、結果的にいえば、若い頃の研究的活動は人にとってはともかくも、自分のためにはなっていくものだということだ。

自分にとっては、この研究への取り組みは非常に有り難く、その後の研究活動への基礎となった。

例えば、ＫＪ法への取り組みは、附属小での実践に繋がり、紆余曲折を経て「ＫＪ法的手法による国語学習法の開発」という本にすることができたし、読書型の指導についてのこだわりが、その後に出版された、外山滋比古氏の「読者論」との出会いを呼び、「読者想定法」という小論になった。これは、当時主流であった「筆者想定法」に対する読書型への着想で、まさに小論文だったが、昭和五十五年ごろ結構注目された。

また、同好会活動の授業研究であるが、間もなく土曜日の午後子どもを残しての授業研が難しくなってきた中で、附属小で附属小の子ども達をつかっての授業研へと繋がっていくことになった。

そのトップバッターとなって授業をされたのが、当時、既に校長職にあった安田平一氏で、「授業で勝負する」国語人の気概を一層高揚していったように思っている。

五　一人ひとりの文章表現力を高めるために

神田和正

はじめに

子ども一人ひとりの文章表現力を高めようと、様々な場をとらえて文章（作文や詩など）を書かせてきた。書かせたものをそのままにしないで、一人ひとりに読み返させるために、個人文集や学級文集、学級通信、学級新聞などを発行してきた。こうした活動は、十分に検討して実践したものではなくて、思いつきで始めたものが多く、試行錯誤の連続であった。

小学校教師として、児童に直接かかわって文章表現力の指導をした期間は、教師生活五十三年間のうち、三十二年間である。広島市立中島小学校で七年九か月、広島大学附属東雲小学校で二十四年三か月（最後の五年間は副校長）である。

中島小学校では、学級担任として、音楽科だけは指導できないため、体育などの授業と交換してもらったり、音楽専科の先生に受持ってもらったりした。附属小学校では、理科、音楽科、図工科、家庭科は専科の先生がおられ担当してもらった。このため、公立小学校に比べて国語科の研究に専念することができた。

こうした三十二年間に文章表現力を高めようとして実践してきたことを思い返しながら、また、当時の資料として見つかったものを見直しながら、改めて実践を検証してみようと思う。

広島市立中島小学校時代（昭・28～昭・35）

昭和二十八（一九五三）年三月に広島大学教育学部小学校教育科（第一回生）を卒業し、四月に

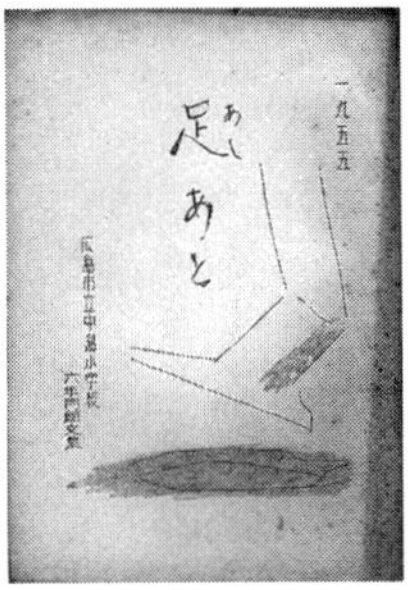

広島市立中島小学校に就任した。このとき担任したのは五年生（四十八名）である。新米教師として第一歩を踏み出したのだが、何をどのようにしたらよいのかわからず、とまどうばかりであった。文章表現力を高めるという意識はあっても明確な計画などなかった。

書かせる場として考えたのは、毎日の日記を書かせることであった。毎日提出させ、一人ひとりの日記に赤ペンで教師の気づきを記入した。記入したことは、表現に対するものよりも内容に関するものが殆どであった。この日記中心の指導は、六年生までの二年間続けた。

こうした指導の結果は児童の目に見える形として残そうと考え、学級文集を作成し始めた。五年のときは一冊、六年生のときは三冊発行して児童に手渡した。

いずれも手元にある。六年生のときの三冊の一冊目は、六年生の二学期末に、二冊目は六年生の卒業のときに、ガリ版刷りでプリントしたものを製本して渡した。二冊目の文集には、二年間の日記の結果のまとめ「日記はどんなに書かれたか」と題して載せている。

三冊目の文集は、卒業を前にして発行した文集である。五年生のときと同じように、児童の手によって製本。発行したものである。児童一人ひとりが自分の日記を読み返したり、その年に書いた作文を読み返したりして、それらの中から一点ずつ選び出した。その作品を推敲しガリ版を使って文字を書き、謄写版でプリントしたものを製本して発行した。児童の中から世話係が出て、出版までの世話をした。馴れないガリ切り（原稿をガリ版に乗せて、鉄筆で文字を切る）で、きちんと文字が切れず、文字が乱れたり薄れたりしたが、とにかく文集に仕上げることができた。

これから以降も日記を書くことはずっと続けた。家庭での活動であるため、集中できなかったり、毎日が同じ内容であったりして、つまずく児童が多かった。それでも学級の文集づくりは毎年のように続けた。

文章を書く活動の場は、当時国語主任の一人であったため、全校の作文コンクールを企画し、先生方の協力を得て実施した。先生方に計画を示し協議しながら推進した。実施に当って、作文の指導をお願いし、コンクール当日は全員が作文（生活文）を書いた。各クラス毎に入選作品を選び提出していただいた。その結果は、学校新聞「中島校報めばえ」やPTA新聞「むつみ」、さらに児童会新聞「めばえ」などによって発表された。

その内容は、入選者氏名や入選作品の紹介である。学校新聞の二紙は、活版印刷で児童会新聞の方はガリ版刷りであった。校内作文コンクールによって全児童は作文を書く場はあったが、自分の作文を出版されたものを通して読み返す場は、限られた児童しかできなかった。やはりそれぞれの学級が発行する文集や新聞で全員が読み返すことができることに比べると不十分である。

広島大学附属東雲小学校時代（昭・36〜昭・59）

昭和三十六（一九六一）年一月から広島大学教育学部附属東雲小学校に転任し、一年生一組（四十名）の担任を命じられた。前担任の後を三学期より引継ぎ、二年生まで担任した。このクラスの担任として文章表現力を高める場として相変わらず日記を書かせることにした。以後、日記を書かせることは、どの学年の担任の時も続けた。作文の方は、時々書く場を設けて書かせた。書いた作品は個人文集やグループ文集を編集させ、自分の作品を読み返したり、お互いに読み合わせたりした。

転任した当時、学校において年間一冊の学校文集が発行されていた。全校児童から選ばれた作文を載せた文集で「ひばり」という文集名がついていた。この文集「ひばり」は、昭和二十八年度（一九五三）年から発行されており、各クラスから選ばれた作品が載せられている。作文・詩・短歌・俳句に分けて編集されている。この文集の二号以降は作文に短評が付けられるようになっている。

手元にある三号までは、当時孔版印刷をしていた「たくみ弘法」に発注していたことがわかる。いわゆるガリ版刷りの文集である。

転任する一年前から、読書に力を入れていて、「文化の日」を中心に「読書感想文を書く会」が実施されていた。入選作品が学校文集「ひばり」にも載せられたが、みんなで読み合えるように、入選作品を製本して図書室に置かれるようになった。さらに、昭和四十二年度（一九六七）年からは、タイプ印刷して読書感想文集「のぎく」が出版され。全児童に手渡されるようになった。

各クラスの担任が作品を読み、入選者十名ずつ（全校百二十名）を選び、その中から三分の二の七十二名の作品を載せた。二号からは、それぞれの作品に短評が付け加えられるようになった。

以上、二つの文集によって、児童は文章（作文と読書感想文など）を書く場と自分の作品を読む場があったわけである。

二つの文集発行のために全児童が作文を書く場は、少なくとも年の二回はあったが、読む場は文集に載った一部の児童のみで不十分であった。

ところが、私の就任した頃には、「ひばり」の方には、全校児童の作品が載せられるようになっていた。これで全児童が書いた文章（生活文や詩など）を読み返すことができるようになっていた。

児童が一年間に書いた文章の中から、これはと思われる文章を一点選び、文種によって編集して、タイプ印刷されたものである。文集によると「たくみ工房」が作成している。各学年別の分冊で発行され、児童全員の手に渡って自分の作品が読み返された。各学年の文集は一冊に合本して図書室に置かれ、児童に読めるようになった。後には、全校児童の作品が一冊に製本され手に渡るようになった。こうして他の学年の作品も手元に置き読めるようになり、参考にできるようになった。

日記に書かせることについては、二年間実験的に本腰を入れて取り組み実践したことがある。昭和四十一年度（一九六六）年に担任した三年一組（四十二名）のクラスでの実践である。この実践の結果を日記文集「あしあと」として四年生の最後に発行したことが心に残っている。

国語ノートに毎日のように日記を書かせ提出させ、その日のうちに赤ペンで感想や助言など記入して返した。この二年間の最初の学年の国語ノートに、次のようなことを児童の手で記入させた。

「日記を書くとき」（三年）

一、書きたいことを、はっきりさせてから書く。
二、考えながら書く。
三、書いたらもう一度声を出してゆっくり読む。
○　文のおかしいところはないか。
○　ことばのおかしいところはないか。
○　字（かん字やかな）のまちがいはないか。
○　てん、まる、かぎはきちんとついているか。
毎日、ねる前にかならず書く。

冬休みの日記の中から、長い作文に書きかえてもらいますから、作文になるような日記に◎をつけておく。

日記の文章には、文章にふさわしい題をつけておく。

「気をつけること」（四年）
○　ねうちのあることをえらんで書く。
　自分が強く感じたこと。

　自分が強く思ったこと。

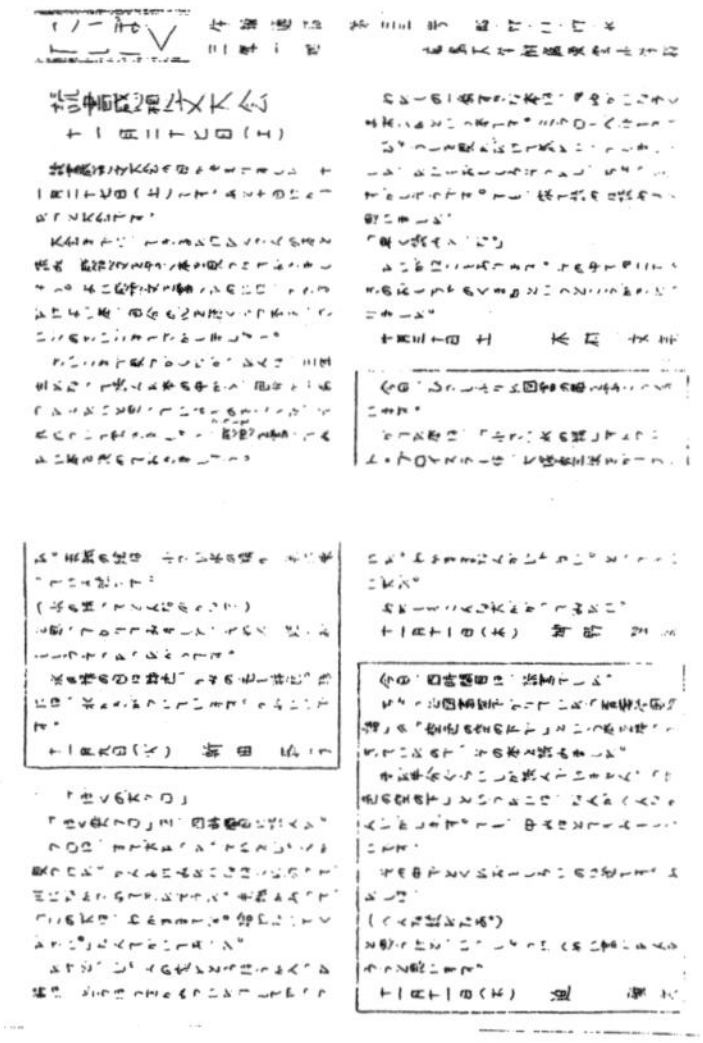

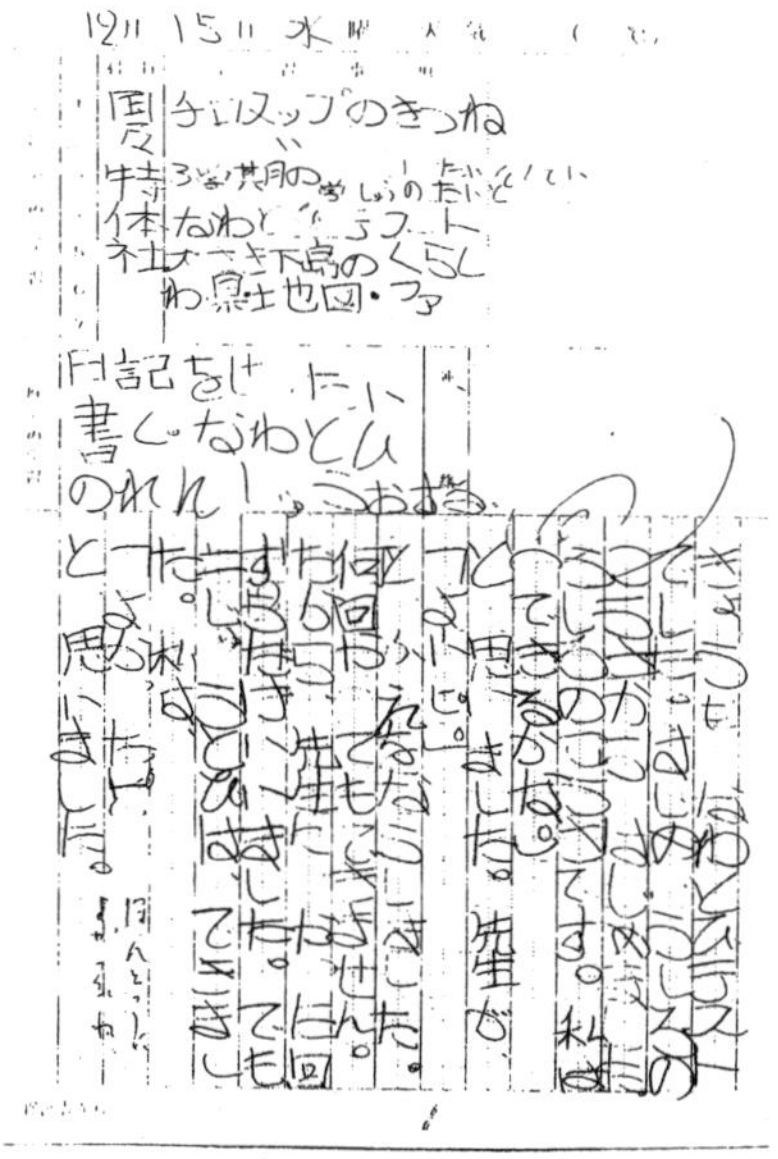

自分が深く考えたこと。

○　そのことがよくわかるように、よく思い出して書く。

○　文字はていねいに書く。

○　一ページ以上はかならず書く。

このようにして二年間書き続けた国語ノートを家の人（ご両親など）と一緒に読み、その中の三年と四年からそれぞれ二点ずつ選び出し作文用紙に清書して提出させた。この四点を清書した時の感想も書いて提出させた。さらに、読んでもらった家の人の感想も書いてもらった。これらを集めて日記文集「あしあと」を編集発行した。できあがった文集を読み返してみると、考えさせられることや学ぶことがたくさんあった。

三十二年間の実践を振り返って

三十二年間の実践の中で最後にたどりついたのは、生活ノートと学級通信とを結んだ実践である。

一枚のルーズリーフノートの表と裏の上半分に二日分の予定が記録できるようになっている。下半分は方眼のノートになっており、十二字十五行の文字が書ける。ここには、その日の予定を見ながらその日の日記を書かせていた。書くと一八〇字の文章が書ける。足りない場合は用紙を貼りたして書かせた。この日記を書く場は教室である。その日の授業がすべて終わり下校する前の十五分間で書くようにさせた。書き終わったら提出させ、児童が帰ったあと赤ペンで気づき感想などを記入し、翌朝返した。二日分書き終わったものはファイルに綴じ保存させた。

その日の学習や生活を振り返り、しっかりと書いているものを選び、その週の学級通信に載せて配布した。一週間に一回（B４一枚）の発行を予定していたが、臨時に発行すること（時には二枚）も度々あった。この時に心掛けたことは、通信に乗せる日記が特定の児童に偏らないように名簿に記入しながら確めた。こうしてクラス児童全員が自分の日記が読み返せるようにした。

書く時の手掛かりとなるその日の学習予定などと、通信に載った自分の日記とを、相互に読み返すことによって、自己の学習、生活などを見直すことができる。自分の学習、生活などを記録した文章表現を推敲することができる。こうした活動を繰り返すことによって自己教育力が身についていく。この過程で文章表現力を高めるためには、一人ひとりの文章表現力を身に付ける指導が必要である。これは児童と対面して指導することが大事である。間接的ではあるが赤ペンもその役目を果たしている。

最後に三十二年間の実践のまとめをしておきたい。児童の文章表現力を高めるためには、文章を書く場（実の場）を明確にすることが大事である。児童の学習や生活の中で文章を書く場は、いくらでも見つけることができる。学習と結びつけることで学習の効果を高めることができる。生活の場においては、書くことによって自己の生活をしっかり見つめ、考えることによって生活を充実したものにすることができる。

書き上げるものを、読み返し推敲し、清書し、発表することによって、第三者（読者）の立場から客観的に自己の文章を見直すことができる。自己の文章の長所や短所が見つかり修正し改善してよりよい文章が書けるようになる。こうして自己の文章表現力に自信がもて、意欲も生まれ生きる力も身についてくる。

（具体的実践事例については、文集ひろしま第五十五集の指導文を参照してほしい）

文集や学級通信の作製（つけ加え）

昭和二十八（一九五三）年から三十二年間に発行した学級文集や学級通信の作製は、Ｂ４の用紙（ザラ紙）に一枚一枚手刷りでプリントしたものである。これを綴じて文集に製本したり、一枚ずつバラで配布したりしたものである。中島小学校時代は、ガリ版でろう原紙に一文字一文字、文字を切ったものを、謄写版で一枚一枚手を使ってプリントしていた。就任した当時、専門家によるガリ版を使って孔版する技術指導があり、この講習を多くの先生方と受けた。ガリ版のヤスリの方眼面を使って、正方形のゴジック体の文字を切った。読み易い整った文字が書け満足であった。

しかし、こうした作業は、時間と労力を要し大変であった。毎日のようにガリ版に取り付き、たくさんのプリントを必要とする学級文集作りのときは徹夜の作業が続いた。

　東雲小学校時代（昭和三十六〈一九六一〉年より）は、鉄筆で書いた文字や絵などをビニール原紙に焼き付けプリント原紙を作り、これを輪転機で手速くプリントできるようになった。これにより手刷りより数倍も速くプリントできた。

　その後、複写（コピー）機ができ、手書きした文字や絵を原紙に一気に複写でき、これを輪転機で次々とプリントできるようになった。コピーをする際に拡大・縮小ができ、様々な表現の工夫もできるようになった。

　東雲小学校に転任した頃にはワープロが使えるようになり、活字を使ってプリントができるようになった。このため、児童の文章の読み返しが確かなものになった。

　今ではさらに進化して、パソコンによって手書きによらないで活字印刷以上のものが作製できるようになっている。児童に手渡し、読み返しをさせるとき、自己の文章を細部にわたって確かに読み取り、文章の長所・短所・欠点などが自覚できる。こうして、文章表現力（作文力）は一層確かになるように思う。

六　障害児学級における作文指導

――事例――

綿　崎　英　之（当時・緑井小学校）
実践の場・学級
実践年・昭和四十八年（当時・四十二歳）

教職について十数年経った頃、精神薄弱教育（当時の用語）に文部省が力を入れ始めた。全国的にも小中学校で特殊学級（当時の用語）が増設された。就職以来担任している学級の中に知的発達の遅れている児童がおり、一斉指導では十分に理解させることは困難で、個人的に頭を突き合わせ噛んで含ませる指導を続けた。しかし、進級する際にはその学年の到達目標にははるかに及ばないので、これでいいのか常に疑問が残っていた。

当時は可部教育事務所が、安佐・高田・山県の三郡の学校を統轄していた。安佐郡では佐東町立緑井小学校に特殊学級が設置され、郡内では唯一の学級で校区外からも通学児がいた。特殊教育への教師・保護者の関心も高まっていた。正常な知能を持つものは普通の環境であれば生きていけるものである。精薄児（当時の用語）は社会が精薄児の能力と特性を正しく理解し、歩み寄らなければ自立生活は困難である。社会は、常に精薄児の生活能力を養い、社会の中で自己実現できるよう計らう責任を持っている。教育は子どもが存在するから成り立つのであって、学校教育の中で精神薄弱教育の位置付けが重視されてきたのを機に特殊教育へ取り組んだ。

一　学級の実態

○―児　女　2年

・情緒不安定　場面緘黙　無表情　指示はとおる　文は前後が繋がらない

○S児　男　3年

・情緒不安定　多動行動　指示に従わない　気に入らぬと手当たり次第物を投げる　国鉄の駅名（可部線）は間違いなく言える　すぐ飽きる

○S児　女　5年

・わがまま　気に入らないと座り込む　自分勝手にしゃべる　情緒不安定　三年生程度の文の視写は可

○H児　女　5年

・情緒不安定　運動機能遅滞　漫画をいつまでも読む　文を書くことは好き　三位数×二位数・三位数÷一位数・加減三位数などは理解　三年生程度の文の視写は可　よく話すがまとまらない

○T児　女　6年

・無口で動作が遅く消極的　後始末に手間がかかる　文には主述が入る　三位数×二位数・三位数÷一位数は理解

○E児　女　6年

・口をよく出しボス的存在　自分の指示に従わそうとする　よくしゃべる　二位数の加減は理解　三位数は加法のみ　二年生程度の漢字読みは可

総じてこの子達に共通していることは、日常生活では後片付けが不得手、指示を与えると怒ったり拒否したり勝手な振る舞いをし、自分の殻にこもる行動をとるので落ち着くまでに時間がかかる。

二　学級経営の方針

1　自分の生活の自立と処理ができる。

2　集団生活への参加を通して個々の潜在能力をのばす。

3　金銭感覚の理解ができる。

三　指導計画

●生活単元学習

　直接子どもの興味や関心にもとづいた具体的な生活経験を通して、社会生活に必要な内容を学習する。

●作業学習

　工作・飼育・栽培などの活動を通して身体の諸機能の向上と働く意欲・態度を養い、これに関連する学力を身につける。

●教科学習

　教科の内容を系統的に学習する。

●日常生活指導

　日常生活の中で要求される諸々の習慣や態度を、あらゆる生活場面を通して反復練習する。

四　指導の重点

1　発達段階に応じて子ども達の生活範囲を広げ経験活動を豊富にする。

2　学習・諸活動することに強い関心興味を抱かせ、自主的行動がとれるようにする。

3　具体的・日常的な問題を取り上げる。

4　学校生活のあらゆる学習活動を通して臨機応変に指導する。

5　基礎学力との関連を図り、絶えず言語化させ、言語や数量を用いた表現力・思考力を高め、場面に直面した際の判断力や解決力を、経験を通して育てる。

　精神的遅滞のある子どもは日常生活において経験の仕方も個人差が大きく、身辺の事柄を処理する能力や社会的適応性に乏しい。また、識別・抽象・統合・推理・判断などのはたらきが弱い。なるべく画一的な一斉指導を避け、個人指導のもとに具体的で現実的な生活の場を通して生活力・言語能力を高めていくことを基本においた。教科別の学習では主として工作・物作り作業を取り入れ音読と絵日記を書くことを中心においた。

五　実践例

日常生活・学校生活の中で自分がしたこと、見たこと、聞いたこと、思ったり感じたりしたこと、考えたこと、喜怒哀楽など時間の流れ、空間的広がりなど五感を通して生活経験を書かせていった。いきなり書かせるのでなく文を書く意欲を起こさせるために、何でも言える学級の雰囲気をつくらなくてはならないので、口頭で話すことから始めた。

(1)　口頭作文

自分の生活経験を話させると、自分のしたこと、家族のこと、近所のことなどを話す。しかし、記憶のなかには混乱があり、脱落があり、まとまらないのが実情である。また、事実の羅列であって、考えたこと、感じたこと、思ったことなどは全く話の中に表れない。しかし、何かの感動はあるはずである。それが強いか弱いかの差はあってもそれを引き出してやると、話すことへの経験が広がり、自分の思いを豊かに表現することになる。このことを自分の課題として取り組んだ。

「きのう家に帰ってから、何をしたかみんなに教えてあげよう」と問いかけてから、一人ひとりに話させる。一人が話し終わったら、「Aさんに聞いてみたいことはないか」と再び投げかけ、思い思いに尋ねさせる。「その時どう思ったか」「どう言うちゃったか」「あんたはどう言うたのか」などの質問が出てくる。話した本人は答えなければならない。普通児であるならば、そうした質問に対しては割合簡単に答えられる。つまり、その時の場面や周りの様子を思い起こすことができる。知恵の遅れている子ども達に、その時の場面や行動の様子をよみがえらせることは大変困難である。記憶していないということもあるだろうし、思い出すという一つ一つの思考作用がうまく働かないのかもしれない。「そんなことわからんよう」「何も言ってないよ」と答えることがしばしば続く。だが、こうしたことの繰り返しで、少しずつではあるが、自分のしたこと、話したこと、聞いたこと、他人の話したこと、相手の様子、場面の様子など含めて、喜怒哀楽も話すようになる。しかし、続けることにすぐ飽きてくるので、次の計画までには時間がかかる。

(2)　絵日記

口頭作文と平行して絵日記を書かせる。「今話したことを絵日記に書いてみよう」と指示を与える。およそ三十分位で書いてしまう。時間のかかる子どもには書き終わるまで待ってやる。

個々に話した時には、自分が話したこと聞いたこともある程度話し、周りのようすもかなり詳しく話したが、いざ、絵日記に書かせてみると、話したこと、聞いたこと、思ったこと、その場のようすなど全くといっていいほど書かれていない。事実や行動を並べたにすぎない。時間の流れにしたがって書けているのならよいが、子ども達の記憶には、混乱があり、脱落があり、錯綜がある。

そこで、一人ひとりに問いかける。絵を指して「この時、あんたはどう言ったんかいねえ」「〇〇さんはどう言うちゃったんかいねえ」「〇〇さんはどうしちゃった?」などの問いかけを繰り返して記憶を蘇らせる。そうして、子どもが言ったことを行間に書かせたり、教師が手を加えたりする。出来上がったら、掲示板に貼って皆の絵日記を読んで聞かせ、よく思い出しているところを褒めてやる。

また、絵日記を黒板に書いて「ここからここまでの間に何かあったろう?」「そして、これから?」と尋ねる。教師だけでなく子ども達にも積極的に尋ねさせる。そうして、色チョークで行間に書き込んでいきながら文をふくらませる。記憶を辿りながら文作りをしていくうちにくわしい文章が書けるようになることを願っている。

（原文）　5年　S子

・ちひろちゃんとてるえちゃんとわたしの三人でうちのふろに入ってあそびました。まけたりかったりしておもしろかったです。

（指導を加えた文）

・あつかったので、ちひろちゃんとてるえちゃんとわたしの三人で、ふろに入ってあそびました。ちひろちゃんが「ふろの中でいつまでかおをつけているかねえ。」といいました。てるえちゃんが「うん、しよう。」といったので、かおをつけるきょうそうをしました。ちひろちゃんが、「一つ二つ」といってかぞえました。まけたりかったりしておもしろかったです。

(3)　課題を与えて書かす

①　耳で聞いたこと話したことを書こう

（原文）　6年　T子

・ごはんたべていると　はなしがかかってきました。わたしわどうぶつえんにきこうねというと　おとうちゃんが　わしゃいるといいました。

この文では、助詞の使い方が理解されていないことと、表現の未熟さが表れている。そこで、「はなしがかかってきました」というのはどういうことか尋ねると、「ゆうはん食べる時話をしたんよねえ。」と言う。「はなしがかかってきました」というところを、「ゆうはんをたべているとき」というように直させる。誰が話したのかに対しては、「私がいったんよねえ。」それで「わたしが」に直す。おとうちゃんが「わしゃあいる」と言われた時、「あんたは何も言わなかったのか」に対しては、「おかあちゃんが『こんどのなつやすみにいこうね。』と言ったので、うれしゅうなって『いいね。』と言った。」そのことも付け加えさせる。

このように問いかけ、指導を加えてできたのが次の文である。

・ゆうごはんをたべているとき、「わたしがどうぶつえんにいこうね。」というと、おとうちゃんは「わしゃあいる。」といいました。おかあちゃんが「こんどのなつやすみにいうね。」といったので、わたしはうれしゅうなって「いいね。」といってとびあがりました。

（原文）　6年　T子

・いっしょにねようね。みさこが　うんいいました。きみこちゃんいっしょにやろうね。

この文には話した事柄が三つあり「　」を入れていない。人が話した言葉には「　」を付けることを指導する。「いっしょにねようね。」と言ったのは誰かと聞くと、「わたしが」と答える。そこで、その横に「わたしが」と書き足す。「いっしょにやろうね」というのはどういう意味か尋ねると「ふとんしこうね」ということなので「ふとんしこうね」と書き直させる。

問いかけによって書き直したのが次の文である。

・わたしが「いっしょにねようね。」といったら、みさこちゃんが「うん。」といいました。わたしが「みさこちゃんふとんしこうね。」というと、みさこちゃんが「うん。」とへんじをしました。わたしはとてもうれしかったです。それから二人で「ようい」どんでねころびました。

子どもの書いた文を読みながら、一つ一つ問いかけていき、記憶をよみがえらせ、会話を入れること、場面のようす（自分や相手の行動など）を書くことによって、文章が豊かになりいきいきすることに気付かせ、少しでもくわしい文章が書けるようにさせたい。

②　お母さんに感謝の気持ちを込めて手紙を書こう

（原文）　6年　E子

・　おかあさん　いつもありがとう。おしごとにいてて　しんどいでしょう。でも仕事おおわるまでがんばってくださいね。いつもおやつおかてくれたりしてくれる。どうもありがとうございます。とてもうつくしいおかあさんですね。わしはおかあさんがしぬまでしっしょうだいじにしてあげるよ。

文章はたどたどしいけれど、母に対する子どもの気持ちがくみとれる。この子の家庭は、父が糖尿病で失職して家庭で養生。母が工場に働きに出ていて生活は楽ではない。そうした環境の中で、この子なりに母の働く姿をとらえ、母に感謝し、尊敬している生の声が聞かれる。この子の作文を皆の前で読んでやることにする。「Eさんは、お母さんのことをどう思っているのだろうね」と前置きしてE子の作文を読む。次の原文はH子がE子の作文を聞いて後に、子どもからの問いかけや感想を話し合ってからH子が書いた作文。

（原文）一は聞く前、（原文）二は聞いた後。

（原文）一　　5年　H子

・　おかあさん　いつもわたしたちのためにいろいろありがとう。せんたくや料理やないしょくや牛乳配達やそうじやしょくじのしたくやおかいものやあとかたづけふとんのしたくなどありがとう。私はおかあさんをしくせつにしたいと思います。

（原文）二　　5年　H子

・　おかあさん毎日ありがしとう。ないしょくるしいでしょう。わたしはおかあさんのせわをしたいと思います。かたがこるでしょう。いたいでしょう。でもがんばってないしょくの仕事をつづけてください。わたしと藤江ちゃんのためにねる時間もないほどいそがしいおかあさん。いつも私に勉強をおしえてくださる心のやさしいりっぱなおかあさん。おそくねて早くおきてごはんのしたくをするおかあさん。いうことをきかないとすぐおこるおかあさん。でも、わたしはおかあさんこまったら助けてあげますよ。

初めに書いた文よりも、母の捉え方がより具体的になり、心の底では「おかあさんありがとう」と素直に言っている。母への捉え方が具体的になったのは、E子の作文の影響を受けたと考えてよい。身近な友達の書いたものを読んでやって、はっと思わせ、ああ　あんなこともあった、そうかなど感情をゆすぶる。また、身近な人へのお願いや感謝の気持ちを書くことによって、心の底でねむっているものを目覚めさせることができると思う。

③　よく見て様子を書こう

水槽の中で飼育をしている動植物の動きを観察しながら、目に入った姿形、頭の中に浮かんだこと、思ったことなど羅列させる。

次の文は水槽の中で泳いでいるオタマジャクシを観察しながら書いたものである。オタマジャクシの生態をよく捉えていると思う。

（原文）　6年　E子

しっぽをひらひらとしておよいでいる。
なにかをたべている。
おくちをぱくぱくとしている。
大きいのや小さいのがいる。
リスににている。
おたまがふんをしている。
ねているのもいる。
おなかをひっこめたのふくらましたりしている。
おなかおふくらんだものがいる。
いっぷくしているのもいた。
うえにあがったときくちからあわがでた。
いきをするためにあくのです。
きょうぞいがいっしょにおよいだ。

ちゅうとした。

はらがぴかぴかひかる。

はらにうずまきがある。

思い付いたことを列挙しているから、まとまりがない。原文を板書してから子どもに尋ねたり、話しかけたりしながら色チョークで行間に書き入れる。配列を変えてみるとまとまりのある文章になるのではないか。

・（指導を加えた文）
すいそうの中に大きいのや小さいのがいる。
しっぽをひらひらさせておよいでいる。
お口をパクパクさせておよいでいる。
口のうごかしかたがリスににている。
おしりのところに二センチぐらいのふんをつけている。
はらがぴかぴかひかる。
はらにうずまきがある。
おなかをひっこめたりふくらませたりしている。
ねているのもいる。
くたびれていっぷくしているのだろう。
二ひきがならんでおよいでいる。
きょうだいのようだ。
ちゅうをした。
うえにあがったとき口からあわをだした。
ちいちゃんが
「ありゃいきをしよねんよ。」といった。

発展として、水槽の中で泳いでいるオタマジャクシを画用紙に書かせ、推敲した文章を原稿用紙に書いて絵の下にはり、掲示して皆で朗読する。心なしか皆の顔に満足感がただよっている。

④　憲二君へ手紙を書こう

憲二君は昨年の三月に卒業して現在施設にはいっている。過去三年間ともに生活してきただけに、子ども達の憲二君への思いはひとしお深いものがある。それで、本気になって近況を知らせる手紙を書いた。動機付けとして養護の先生の息子さんが憲二君のいる施設へ慰問に行かれるので、手紙を出してあげようと話しかけた。子ども達はすぐ賛成した。どんなことを知らせてあげたいか発表させる。

○　発表した内容

・新しく入った「いずみさん・さとしくん」
・担任だった先生が結婚されたこと
・受け持ちの先生が代わったこと
・学芸会をしたこと
・みんなのこと

(原文)　5年　H子

・　憲二君おげんきですか。わたしたちも元気です。○○先生はもうけっこんをしました。そしてけんじ君こんどあそびにきてね。わたしたちまっています。いずみちゃんとさとしくんがこのがっきゅうにはいきました。こんどの先生は○○先生がはいきました。そうじをちゃんとしたらアメをくれます。そして学芸会で人形げきをしました。わたしはおばあさんで久子ちゃんはおじいちゃんで、えつ子ちゃんはたぬきで、千鶴ちゃんは犬で、いずみさんはにわとりで、さとしくんはぶたでした。中学校にいっていますか。けんじくんのおとうさんはおげんきですか。くるしいけれどもわたしたちにまけずにがんばってください。けんじくんあそんでくれてありがとう。けんじくんはすいえいがうまかったね。けんじくんおとうさんをだいじにしてね。ほんとにいいひとだったのにどこにいるの。中学校でしっかりやっているのね。けんかをしている。もうおきからけんかもしないでいいせいせきとってね。みんないのっています。わたしたちいまかれんだをつくっているのこんどてがみといっしょにおくるすらね。けんじくんおげんきでまけずにがんばってくださいねさようならひさこ。

手紙の形式で書かせると、相手意識がはっきりするから抵抗が少なく意欲を持って書く。誰かに宛てた文、読む相手をはっきりきめて書く機会を多くつくってやることが大切であると思う。書く機会が多くなれば表現力も伸びる。

⑤　会話のなかで捉えたもの
子ども達が遊んでいるとき、彼等の会話やつぶやき、独り言のなかに「おやっ」と思うほど素直なさけび、実感がこもり、感動する言葉がある。その幾つかを拾ってみる。

・すずむし　なかんね
どうしてなかんのかねえ
まだ　なれんけえかね

二学期になって、鈴虫を数匹もらってガラスの容器に入れ飼育を始めたときT子が言った言葉である。住む場所が変わると鳥・昆虫類は、囀ったり鳴いたりするのをやめることがある。人でもなれない所では口数が少なくなる。こうしたことをT子はちゃんと知っている。「なれんけえかね」という一言に実感がこもっている。

教育テレビの「ヘチマの水」という番組で画面にクローズアップされた長いヘチマや短いヘチマを見て

・ヘチマの親子みたい　（S子）
ヘチマの蔓の切り口から水が一滴ずつ落ちるのを
・シャボン玉みたい　（E子）
その切り口を
・人の口みたい　（T子）

と、テレビを見ながらつぶやく。あたりまえのことを言っているようであるが、この子なりに感じ取っている。そこには、詩の心に通じる感動がある。

運動会の練習が始まって間もないある日、（E子）が駆け寄ってきて、

・運動会　だれがはじめたんね
今日も　一年生が
ぶたがきた　ぶたがきた　といったんよ
運動会なんか　ないほうがええ

六十キロ近い体で、皆と同じように走ったり、ダンスをしたりするには本人にとってはつらい。そばから助言や激励をしてやれば一生懸命に練習に励むが、自分のからだつきは今さらどうにもならない。そのどうすることもできない肥満を「ぶた　ぶた」と言われたのでは気持ちのやり場がない。子どもの怒りがこの言葉のなかに表れていると思う。

・友だちがいない　　　　（E子）
家に帰っても　たった一人
大きい人は遊んでくれない
小さい子と遊べば　遊んではいけないとおこられる
はいじゃけえ
わたしゃ　家の中で
テレビを見たり　マンガを読んだりするんよねえ
お父ちゃんが
「こどもがほしいかい。」ときくことがある
わたしゃ友だちがほしいです

知恵が遅れているために、情緒面、社会性が低く、同じ学年の子ども達の遊びの仲間入りができない。誘ってもくれない。独り取り残された淋しさが実感としてくみとれる。

この子達を取り巻く社会が暗黙のうちに、この子達を疎外していることを物語っている。地域社会での障害を持った子どもに対するものの考え方に一つの警鐘をならしているとも考えられる。

ここに取り上げたものは、子ども達の日常生活のなかで捉えたものである。四月以来担任をしてから続けてきた絵日記の中では、このような心の

さけびは書き表されていない。

しかし、毎日の生活の中では、ある瞬間には喜びを感じ、驚き、怒り、悲しむ。また、思い、悩み、考えるけれどもそれがどれ程価値あるものか子どもには分からない。子ども達の真実の心の声であるから、消え失せるのは勿体ないのでこうした形で残した。

障害児学級における作文指導で、何をどのように書かせるか、書いた内容をどうふくらませるか、子どもの心情を引き出す一つの試みとして記した。これからの課題として、
・経験したことの順序をたどって書く
・できごとの順序をたどって書く
・文の中心となるところを落とさずに書く
・表記・語法の指導
などが考えられる。これらの指導を何時、どこで、どういう手だてで身につけさせていくか、これからの研究課題として実践を進める。

なお、書くことは、話すこと、読むことに比べて難しい。子ども達と生活していく中で、機会を捉えては思ったこと、考えたこと、感じたこと、話したことなどを書きとめて発表することは、お互いの思いが伝わり、心情豊かな人間として成長していくことに繋がる。また、意思を伝える能力を伸ばすことにもなり、書くことが生活に役立ち、いくらかの自信、いくらかの誇り、喜びを感じ、自立性・社会性が芽生えることを願っている。

七　児童作文にみられる漢字使用の実態と考察

中　村　誠　延（当時・井口小学校）
発表の場・国語問題研究会西日本大会
発表年・昭和五十二年（当時・四十一歳）

はじめに

昭和五十二年度（一九七七）年、国語問題研究協議会（西日本大会・文化庁主催）が、佐賀大学を会場にして三日間開かれた。研究のテーマは、
○新漢字表試案について
○国語をめぐる諸問題―表記・その他―であった。

当時、井口小学校に勤務していた私は、県教委の指名を受けて、県を代表して提案者として参加することになった。

分科会が、小・中・高等学校・一般社会（出版関係）の参加者で構成されているために、何を課題としてとらえ提案するのがよいかと、ずいぶん悩んだが、結局、平素の国語の授業で漢字の書き順や漢字、その使用について、かなりの時間を当てて指導しているにもかかわらず、文章を書いたときに漢字が活かされていない現実をとらえ、「児童作文にみられる漢字使用の実態と考察」を標題にして提案することにした。

提案

児童が漢字練習にかける時間数は、かなりのものであるが、児童の生活ノートや、日記・作文に目を通してみると、必ずしも、既習漢字が十分に使われ、使いこなされているとはいえない。教科書に出てくる漢字のテストでは、かなりの成績であっても、実際の文章の中には活かしきれていないのではないかという疑問がある。

既習した漢字が、ある程度は文章の中で書きこなせなければ、単に知的理解にとどまり、生活に活かされたものになったとは言えない。少なくとも、簡単な文字はひらがな書きにしないで、正しく文中に位置づけられて、書きこなせることが望まれる。また、漢字の働きをよく理解して、進んで漢字を用いて文章を書く意識を持たせなければならない。

そこで、児童の漢字使用の実態を把握し、具体的な指導の方向を見い出すために、児童の作文を調査・分析した。

調査の対象と方法

(1) 小学校第二学年から第六学年まで、各学年五十名ずつを調査の対象にする。

(2) 「きのうのこと」を題に作文させ、四〇〇字原稿用紙一枚分を調査の対象にした。

(3) 漢字の使用を意識させず、自然な状態で書かせた。

(4) 使用した漢字を、学年別配当漢字に当てて、音訓に分けて表にする。(資料1)

(5) 新指導要領漢字配当表に従った。

今回、調査をするために書かせた作文は、「きのうのこと」と題した生活文である。作文を書かせる場合には、児童が頭に描いている想の流を中断させないことが大切である。したがって書き進めている段階では、漢字の使用を指示しなかった。調査の対象として、生活文をあてたことにも問題は残るが、児童が思いのままに綴れるのではないかと考えた。

整理の方法

作文を各学年二学級に書かせ、その中から五十名ずつを抽出して、二五〇名について「資料1」(紙面の都合上、一学年のみ提示)のようにまとめた。

例えば「見」という字についてみると、二年生の作文の中で、漢字の訓使用「見」は六回、かな書きの訓使用「みる」は一三回となっている。六年では、漢字の訓使用は二七回、かな書きの訓使用六回となっている。学年を通してみると、使用されたのは、一〇二回書ける箇所であるが、かな書きにしたのが、四一回あったことになる。

以下、配当漢字を縦軸に取り集計を行った。

調査の結果

(1)「きのうのこと」を書くために使用された漢字は、高学年でも、ほぼ四年生までの習得漢字を使って書かれている。

(2)　各学年共通して、使用された漢字が、学年の配当漢字内にとどまっている。例えば第二学年の場合、三年以上の配当漢字の使用例がなく、全てかな書きにされている。三年生の場合に「良」(六年)「成」(四年)「操」(六年)の三例。四年生の場合、「河」(六年)「特」(五年)「供」(六年)「宇」「宙」(六年)の五例がある程度である。

(3)　各学年共、頻度の高い漢字は、かな書きにされやすい漢字でもある。

(4)　その他

○漢字の誤用例

しゅく大(題)・人を読ぶ(呼ぶ)・小ども(子)・行った(言った)・合手(相)・自こ(事こ)・通事る(通じる)・初め(始め)

○配当漢字でない使用漢字

箱・奇・剣・塾・鉛・頼・維・俺・僕・悶・販・途・寝・普・皿・腕・匹・儀・越・簿・逃・泊・迎・吹・曇・込・涼

考察

(1)　資料2より

「資料2」は、「資料1」の中から、使用頻度が40回以上の漢字を使用頻度の高い語彙の漢字使用割合としてまとめたものである。

①使用頻度が高く、漢字書きの率の高い漢字

ⓐ一、二、三、四、……数をさす漢字は、全員使用。

ⓑ学・校・生・家……身近な、生活と結びついた漢字は漢字で書かれている場合が多い。

ⓒ手・耳・目・口……体の部分を示す漢字

ⓓ大・中・小・前・後……大きさ・程度・位置を示す漢字

ⓔ日・時・分・曜……時間・曜日を示す漢字

月・火・水・木・金・土・午も漢字

ⓕ使用頻度が高くて、かな書きになっている漢字

「見る」（漢字書きが望まれる字数一四三・内使用一〇二・割合71％）は、29％がかな書きになっている。これと同じ傾向の漢字は、「出る」「入る」「来る」「食る」「帰る」「行く」「買う」「聞く」「言う」「遊ぶ」などの動詞のかな書きである。これらの漢字は、いずれも訓で漢字書きにされる箇所での、かな書きが目立つのが特色である。その理由として、「買う」・「遊ぶ」・「帰る」は字画。「言う」は、「いう」と「ゆう」の音のまぎらわしさ。「来る」は、「くる」が「こられる」に変化した場合に、かな書きにされやすい。「入る」は、「はいる」の場合は、以前はかな書きとして指導を受けていたため、高学年にかな書きが多くみられる。などが考えられる。

しかし、いずれにせよこれらの漢字は、生活を綴る場合の使用頻度は高いので、かな書きにされると、かなの目立つ文章になる。

(2)　資料3より

「資料3」は、「資料1」の集計の結果から各学年ごとの使用可能漢字数とかな書きの割合を示したものである。

第二学年の場合、作文の中に二年生の力で、漢字で書けることばが、二五三回出てきた。（同じ

字も延べで扱う）その中で、漢字書きにした字数は、一七二字で、かな書きは八一字であった。可能字数に対する、かな書きの字数の割合をみると32％となる。漢字使用率は68％である。

これでみると、二年生は一年生までの習得漢字をもって調査対象にしているので、一年生での習得漢字の定着が低いことを示している。

以下、三年生では27％、四年生では28％。中学年までの漢字使用度は、ほぼ同じ傾向にある。

これが五年生になると、漢字使用率87％。六年生では、92％と高くなってくる。中学年まで定着の度合いが低かったものが、高学年になって、漢字の意義の理解も伴って、急に定着度が高まったと言えよう。

しかし、一一五七字の内、五年生で学習する漢字は六六字で、残りの一〇九一字は、四年生までの習得漢字であるから、書けるのは当然と考えてよいだろう。

六年生は、漢字使用92％と高率であるが、作文中のことばが、ほとんど四年生までの漢字で処理が可能であることから、これをもって六年生の漢字力を評価できない。

また、今回は生活文を調査の対象にしたが、文種（報告文・意見文）やテーマによっては、違った結果が出たことも十分考えられる。

指導にあたって

調査結果にみられるように、比較的漢字書きが容易な文字の、かな書きがみられた。その理由に、次のことが考えられる。

① 各学年で習得したと思われる漢字が、生活に活かされたものになっていない。
② かな書きの方が簡単なので、かな書きですませる。
③ 漢字を使って表記しようとする意識が薄い。
④ 思考をよどみなく綴る中で、漢字を意識して

いない。

⑤　漢字書きにできることばかどうかの判断ができない。

などのことが考えられよう、しかし、かな書きにされている文字をみると、簡単な漢字でもその傾向がある。これはやはり、漢字が生活の中に定着していないためであり、漢字一文字一文字の指導も大切ではあるが、漢字を、文・文章の中に位置付けた指導が望まれる。

今日ほど、児童が身のまわりで文字にふれることの多い機会はないと思われるが、テレビ・本・新聞などによる、自然習得はあまり期待できないようだ。漢字習得の場が教室にあると考えて、漢字指導の充実を図らなければならない。

今回、児童作文の使用漢字を拾ってみたとき、生活を記述するために使用した漢字は、ほぼ、四年生までの習得漢字で表記できていることが分かった。従って、ひらがな書きの目立つ文章を改めるには、四年生までの配当漢字の定着に、心がける必要を感じた。

漢字習得のために、多くの時間を費やしながら、一文字一文字は正しく書けるが、文章の中に使いきれていない。こうした現実があるとすれば、教室での漢字指導のあり方に、再度目を向ける必要があるのではないか。ささやかな資料をもって提案する次第である。

おわりに

漢字の使用実態を把握するために、二年生から六年生まで、各学年五十名。二百五十名の作文の使用漢字の使用頻度。誤用の一つ一つを拾っていくことが、いかに大変な作業であるかを、一学年やってみて気付いた。しかし、途中で止めるわけにもいかず、見落としのないように、慎重に拾っていった。

時間と労力を費やした割りには、考察の結果は薄いものになってしまったし、私の提案で、論議が展開することもなかった。しかし、何とか県代表としての責任は果たすことができた。その結果がどうであれ、これほど苦労し、時間と労力を費やした提案資料作りはなかった。私にとって、忘れられない貴重な経験であった。

今日、小学生でもパソコンを使って、漢字に変換できる時代になった。確かに便利にはなってはきたが、自分では漢字の書けない、漢字を選べない子どもや大人が増えてくるのではないかと危惧する次第である。

（以下の資料は、当時のままのガリ版刷りを残した。）

第1学年配当漢字76字　　　　資料1

学年 / 配当	2				3				4				5			6			漢字書きの総数	かな書きの総数	備考
	漢字		かな		漢字		かな		漢字		かな		漢字		かな	漢字		かな			
	音	訓	音	訓	音	訓	音	訓	音	訓	音	訓	音	訓	かな	音	訓	かな			
一	14	2		1	21	4			28				7	6		26	16		98	1	
右						1											1		2		
雨		2		2						5				7	1	1	19		34	3	
王																					
円													3			2	1		5		
音		1		1		2		4	1	2				3		1	4		14	5	
下						2				2				2			1	1	7	1	
火						5		1						3					6	1	
花		3				4		1		2				2					11	1	
学	13				3				11		1		8			17			52	1	
気			1			1	3		2		1		15			12			31	5	
九					2				4				3			2			13		
休		4				4			1	2		4				1	5	1	17	5	
金				6	1	1	1		1	4			1	2		1	2		15	7	
空					1	2								1			2		6		
月					5	1			3				3			5			17		
犬										1									1		
見	—	6		13		29		4		15		11	1	24	7		27	6	102	41	
五	4				13				14				3	1		6	2		43		
口						3							1	1	1		1		6	1	
校	13				3				11	1			5			15			47	1	
左						1											1		2		
三	9	4			14	2			19				4			6			58		
山		3				2			2	6							1		14		
子		1		1		5	1	3		16				10	3		8		40	7	
四	5	2			2	4			3	4			5			6			38		
糸																	1		1		
字			2				1		1							1			2	3	
耳																					
七		1			1				4				3			4			13		
車					2	12	1		16	1	2		6	9		6	10		76	8	

学年／配当	2				3				4				5			6			漢字書きの総数	かな書きの総数	備考
	漢字		かな		漢字		かな		漢字		かな		漢字		かな	漢字		かな			
	音	訓	音	訓	音	訓	音	訓	音	訓	音	訓	音	訓	かな	音	訓	かな			
子		4		1		6		4	1			2	8	15		1	13	1	48	8	
十	2				13	1			14				1	1		15	2		49		
出		1		10	1	11		8		5		10	2	12	2	4	22	2	58	32	
女		1	1	1	3				3				4			3	1		15	1	
小						2		1	1	4	·			1		3	7		18	1	
上		1		2		3		2	8	8		4	2	3		1	5		31	8	
森																					
人		7	6	1	4	7		4	7	4			12	7		13	17		80	5	
水			1		2	4			9	1			12	1		1	5		35	1	
正																1			1		
生	3				6	1	5		17	2		2	11		1	11			51	8	
青										1									1		
夕													3			1			4		
石						4				1				1					6		
赤		1				1				6			1	4			3		16		
千													3						3		
川		1		1		1				6							1		9	1	
先	3		1	1	1		5		14	1			8			10			37	7	
早				2		4	1	1		2				3		1	5		15	4	
足				1		1			1	8		1		5	1	1	3		19	3	
村									4										4		
大		3	1		4	10		5	7	5		2	5	3		10	4		51	8	
男		1		1	1				9	1			3	2		1	2		20	1	
中		5	3		4	17			3	10	2		3	9		7	13		71	5	
虫	1	3		4	3	14		1											21	5	
町										2			1			1	3		7		
天	1													1		1	1		4		
田									2										2		
土	2	1			2	5	1						1	3		7	1		22	1	
二	15	3			32	6			15	1				3		1	2		78		
日	6	7		2	26	16	2		6	5			30	9		40	10		155	5	

学年＼記号	2				3				4				5			6			漢字書きの総数	かな書きの総数	備考
	漢字		かな		漢字		かな		漢字		かな		漢字		かな	漢字		かな			
	音	訓	音	訓	音	訓	音	訓	音	訓	音	訓	音	訓	かな	音	訓	かな			
入		1		7		10		8		14		8	1	12		2	13	6	52	29	
年	3				9				5				9			3			29		
白		1				2			1	1			2	2	1	1	2		12	1	
八						1			2				1	2		3	2		11		
百					1		1		2							2	1		6	1	
文													2						2		
木		2				6	3			2				3			2		15	1	
本	5		1		11				2	4		1	3	1		8	1		35	2	
名			1	1		1				3						1	2		7	2	
目			2	2	17	3				11			1	4			14		50	4	
立						1		1				1		4		2	2		7	2	
力								1					1	1			1	1	3	2	
林										2									2		
六					6				6				2			2	1		17		

以下、2年配当漢字～6学年配当漢字の集計は省略

使用頻度の高い語いの漢字使用の割合　（40回以上の使用）　資料：2

漢字	指導学年（○読 △書）	2		3		4		5		6		漢字可能字数	使用漢字	割合%
		漢字	かな	漢字	かな	漢字	かな	漢字	かな	漢字	かな			
一	○1 △1	16	1	25	0	28	0	13	0	42	0	125	124	99
学	○5 △1	13	-0	3	0	11	1	8	0	17	0	53	52	99
(見)	○1 △3	6	13	29	4	15	11	25	7	27	6	143	102	71
三	○1 △1	13	0	16	0	19	0	4	0	6	0	58	58	100
子	○1 △3	1	1	5	3	16	0	10	3	8	0	47	40	85
車	○1 △2	0	0	14	1	17	2	15	0	16	0	84	76	90
手	○1 △4	4	1	6	4	1	2	23	0	14	1	56	48	85
(出)	○1 △5	1	10	12	8	5	10	14	2	26	2	90	58	64
人	○1 △3	7	7	11	4	11	0	19	0	32	0	91	80	87
生	○1 △1	3	0	7	5	19	2	11	1	11	0	59	51	86
大	○1 △1	3	1	14	5	12	2	8	0	14	0	59	51	86
中	○1 △1	5	3	21	0	13	2	12	0	20	0	76	71	93
二	○1 △1	18	0	38	0	16	0	3	0	3	0	78	78	100
日	○1 △1	13	2	42	2	11	0	39	0	50	1	160	155	96
(入)	○1 △3	1	7	10	8	16	8	13	0	12	6	81	52	64
目	○1 △4	0	4	20	0	11	0	5	0	14	0	54	50	92
五	○1 △1	4	0	13	0	14	0	4	0	8	0	43	43	100
十	○1 △1	2	0	14	0	14	0	2	0	17	0	49	:0	100
校	△1	13	0	3	0	11	1	5	0	15	0	48	47	97
回	○2 △2			17	0	11	6	3	1	9	1	48	40	83
家	○2 △4			30	7	33	1	29	0	30	0	129	121	93
間	○2 △2			4	7	6	5	13	0	14	1	50	37	74
(帰)	○2 △6			17	10	17	20	35	4	37	3	143	106	74
(行)	○2 △3			33	24	35	30	40	2	66	8	238	174	73
思	○2 △5			29	0	24	1	29	0	23	0	106	105	99

自	○5 △2			1	1	24	3	13	0	8	0	44	40	90
時	○3 △2			25	1	30	4	29	6	45	1	141	129	91
少	○2 △3			16	5	5	3	10	0	14	1	54	45	83
前	○2 △2			16	3	5	1	15	2	20	0	62	56	90
(買)	○2 △6			8	15	0	13	12	0	17	6	71	37	52
(食)	○2 △4			10	5	1	7	16	3	24	0	66	51	77
(来)	○2 △4			3	12	5	16	9	8	18	5	76	35	46
会	○2 △2			3	0	9	2	6	0	26	0	46	44	95
後	○2 △2			5	5	1	3	8	0	18	0	40	32	80
場	○3 △2			7	4	6	1	13	0	13	0	44	37	88
曜	△2			9	4	5	0	15	0	8	1	42	37	88
分	○3 △5					15	0	12	0	20	1	48	47	97
氷	○3 △4					19	2	20	2	6	0	49	47	95
君	○6 △3					35	11	5	0	15	0	66	55	83
(言)	○3 △4					20	32	28	7	26	7	120	74	61
(通)	○3 △5					16	15	25	1	16	1	74	57	77

（2年 3年の空欄は、調査の時点7月で学習済みかどうか明らかでないためである。
(見)は 漢字使用率の低い字を示す。）

使用可能漢字数と：かな書きの割合　　　　資料 3

学年	2年	3年	4年	5年	6年
使用可能な字数	253	1217	1466	1336	2137
使用字数	172	888	1048	1157	1985
かな書きの字数	81	329	418	179	152
かな字数 / 可能字数	81 / 253	329 / 1217	418 / 1466	179 / 1336	152 / 2137
割合	32%	27%	28%	13%	8%

（各学年共、1つ下の学年までの習得漢字を調査の対象にした。2学年の場合は、1年の漢字、4年の場合は、3年までの漢字を使用可能な漢字とした。）

八　言語事項の基礎的展開

生信勇荘

一　「みんな漢字博士」

当時・広島大学附属東雲小学校
発表の場・校内授業研究・報告
実践年・昭和五十九年（当時・五十一歳）

1　授業の趣旨

全学年を通して漢字指導を強化することの一環として、漢字の部分の名前を知り、漢字の成り立ちを学ばせることをねらいとして授業が試みられた。

低学年の頃は、絵文字からできている象形文字が中心であるが、中学年の頃から意味や音から成り立つ形声文字が多くなってくる。そこで「へん」や「つくり」を中心に、漢字の成り立ちがなるほどとわかり、漢字の力がつくようになることを願って本単元が設定された。

漢字の成り立ちについては、次のようにまとめられる。ここで取り上げる形声文字は、漢字の中のおよそ九十パーセントを占めており漢字指導の中でも、とくに大事なところである。

「みんな博士だよ。」

「先生、発表させて。」

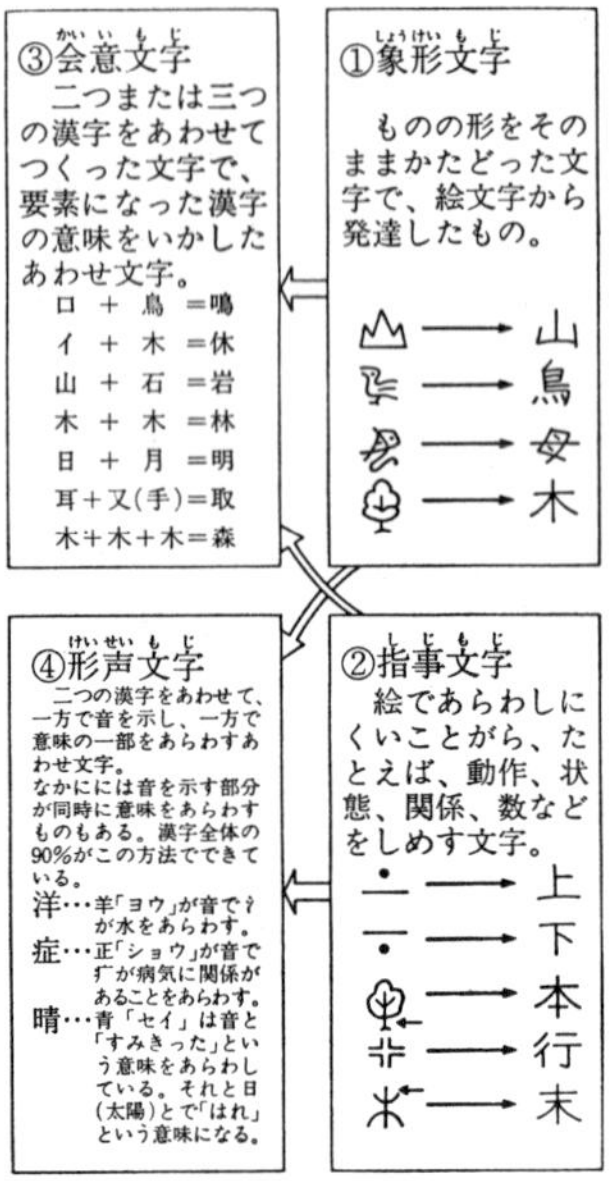

（漢字の教え方　岡田　進　太郎次郎社より）

2　授業研究の結果

本校の研究主題「自ら学ぶ意欲・態度を育成する指導と評価」という視点と学習指導法との二点より、本授業を研究協議した。

(1)　学習意欲を高めることについて

三年生の特性に合った導入であり、それによって学習意欲を喚起することができていた。また、学習の流れもわかりやすく、「同じ漢字が使われていること」「組み合わせて漢字を作ること」「へんとつくりの意味」と目標にむかって自然に展開していった。しかも、それぞれの節に数多くの内容を盛りこんでいたが、消化不良になるということがなく「内容は欲張らず」の精神が生かされていた。

ゲームやパズルを進める中でＯＨＰや掲示カードが効果的に使われており、「何をするのかな」「やってみよう」という気持ちが湧いていた。それだけに「きへん」などの書き方の説明の場で、もう一度パズルで用いたＴＰを掲示すると、パズルで学習したこととの結びつきがわかりみすいと思われる。

絵の文字が効果的に活用されており、漢字は作られるものだということ（本時のねらいである「漢字の成り立ちが、なるほどとわかり」）がはっきりしたようである。

(2)　学習の仕方を身につけることについて

子ども達は、学習活動1～3によって「自分も

国語科学習指導案

指導者 生 信 勇 荘

日 時 昭和59年5月9日（水） 第3校時 10：40〜11：20
学 年 第3学年1組
単 元 みんな漢字はかせ（かん字の部分の名まえを知り、成り立ちを学ぼう。）

単元設定の理由

○ 1〜2年の頃は漢字の勉強がすきであるが、3〜4年頃になると漢字の学習に興味や関心を示しにくくなってくる。低学年の頃は、絵文字からでできている漢字が中心なので取り組みやすかったけれども、意味や音から成り立つ漢字がふえてくる中学年の頃から漢字はむずかしいと思うようになるからであろう。そこで、いわゆる形声文字は、漢字の勉強の中で一番面白いことを知らせ、漢字を学ぶ楽しさをわからせるようにしたいものである。

○ 担任して間がないが、基礎的な文字（漢字）力は低学年の頃によく練習がなされ大体において定着していると思われる。しかし、これからの漢字の勉強は、意味や音から成り立っている形声文字がふえてくるので、漢字の構成部分についての知識を広め、関心を深めるようにして漢字の読みや意味や用法など漢字に一層自信をもたせるようにする。

2年生において漢字の構成の特徴を学習しているが、ここではその経験をもとに共通の構成要素（へん・つくり・かんむりなど）の存在に気づき、機械的に覚えるのではなく、漢字の特質といった面に目を向けさせていく。

○ 全学年を通して漢字指導を強化することの一環として、本題材「かん字の部分の名まえ」から下巻「かん字のれんしゅう」に続き、5年「漢字の話」の組み合わせ文字、部分と部首へと発展する。

指導目標

○ 漢字の構成部分についての知識を広め、関心を深める。
 1．漢字を組み立てている部分（へん・つくり・かんむりなど）の解説を読み取り、分類の練習をする。
 2．漢字（形声文字）の成り立ちを学ぶ楽しさがわかるようにする。

指導内容と評価………………………………5時間（本時 第二次 第1時）

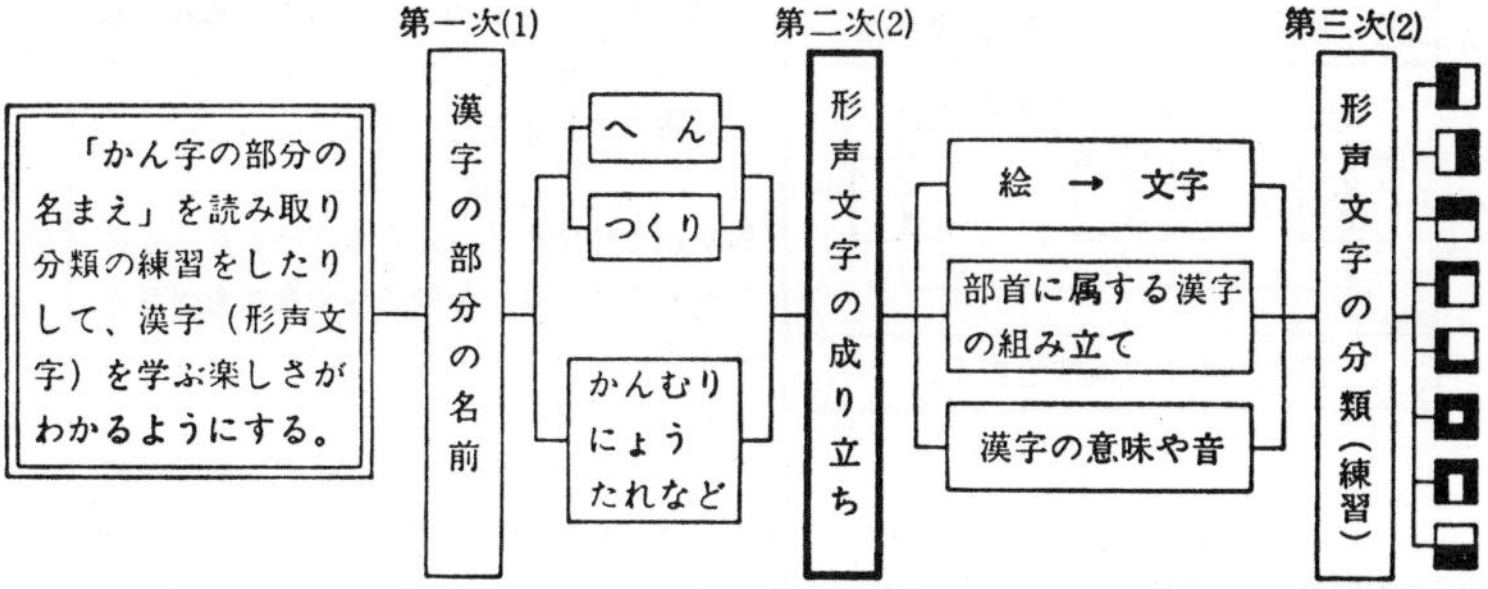

本時の目標

「へん」や「つくり」を中心に、漢字の成り立ちがなるほどとわかり、漢字の力がつくようにする。

準　備　教科書（3年上　学図）　ＯＨＰ　掲示カード　プリント

指導過程

学　習　過　程	指導上の留意点
1. 漢字パズルをする。 〈例〉 日 日 曜	1.下記のように、OHPで提示する。 □の中に、同じ漢字を入れてみよう。 〈例〉 日 日曜 1. □を□直える。 2. □也の□。
2. 「へん」や「つくり」を確認する。 左「へん」　右「つくり」	2.絵と字を組み合わせて漢字を作らせる。  氏　反　月
3. 「へん」や「つくり」を中心に漢字の成り立ちを知る。 絵文字＋意味や音 意味＝「へん」　音（読み）＝「つくり」 「へん」の書き方	3.部首に属する漢字を取り上げ、意味を表す部分、音を表す部分をおさえる。 板　「きへん（木）」、木の意味を表す。 へん　つくり　「つくり（反）」のハンの音。  「きへん」「いとへん」などの書き方。「さんずい」などはことに注意する。
4. 同一の「へん」のつく漢字を集める。 糸　言　氵 絵の□の中に漢字を書く。	4.同一の「へん」のつく漢字を、黒板に書きに出させたり、プリントの絵の□の中に書き入れさせたりする。 書かれた漢字の「へん」や「つくり」を確かめるとともに、その読みや意味をおさえさせる。 次時は、「かんむり」「たれ」などの漢字を勉強することを予告する。

やってみたい」という気持ちが盛り上がっていた。そのあらわれが黒板に書きたいということであった。そこで、全員の児童にこの活動をさせるとよかった。そのために、例えば、学習プリントを配布するなどして、各自に絲言氵の漢字を集めさせたり、教科書にある「二年生までに習った漢字」や新出漢字の中からさがさせたりする活動を用意することも考えられる。

漢字を一つの出来上がったものとしてとらえ、その漢字を知っているかどうか、正しく書けるかどうかということだけで漢字の指導が行われることが多いが、本時のように角度を変えた漢字へのアプローチは大変参考になった。

(3)　**指導法について**

①児童の活動を促す教材・教具であったか

「へん」や「つくり」を中心に漢字の成り立ちを知る活動（学習課程3）で掲示されたカードは、意味・音を表す部分をおさえる上で大変良い教具であった。隠れていたものが出てくる楽しさ（OHPのマスキング法的手段）が効果的に取り入れられていた。この扱いの中で、取りはずしたカードを板面に位置づけずに取り去られた。これは、板面に位置づけておくとよい。「板」の「木」が取りはずされ、その下から「へん」という字が出たが、その「へん」のすぐ上に「木」を位置づけておくと「木へん」ということがはっきりと頭に残るのではないか。

②児童の活動する場が設定されているか

学習活動1～4を通じて聞く学習が多かった。「聞くことは忘れる、見ることは覚える、実際に体を使って行うことは理解できる。」と言われていることからすると、もっと作業場面を設定することが望ましい。例えば、ひとりひとりが文字を探すとか、知っている漢字をノートやカードに書くとかの活動である。また、「見ることは覚える」ことと関連して、先生自身がもっと黒板やTPに文字を書かれると、見て学ぶ効果も発揮できたように思う。

3　授業者のまとめ

授業の組み立て、流し方に一層の工夫が望まれる。パズル・クイズ→「へん」と「つくり」→漢字集めという流れの中で授業が解説型になってしまった。また、漢字の成り立ちを理解させていく順序はこれでよいか。児童に楽しませると同時に発見させていく、考えさせていく場をどう設定するかなど多くの課題が残された。

研究授業は、研究主題の解明もしくは追求の授業でなければならないし、方法的に新機軸を打ち出すものであっても、児童の自ら学ぶ意欲・態度を育成する学習の仕方を示唆するものでなければならない。

基礎的基本的学力の充実という焦点的な面、合科的総合的な学習という広い立場、自ら学ぶという学習の仕方を学ばせる多様な面を、一つの授業の中だけに求めることにむずかしさをおぼえる。国語科としては、漢字を学ぶことの楽しさを味わわせる新指導法の開発など、多くの重要な問題を解明していかなくてはならない。

最後に、この授業のことを書いた児童の日記をそえておく。

研究会があって、大ぜいの先生方がおいでになりました。その時間は国語で、かん字の部分の名前をやりました。

さんずいや木へん、糸へんなどのへんを勉強しました。ほかにつくりの勉強をしました。へんは意味、つくりは読む音ということです。

先生が、

「糸へんのつく字を書ける人」

とおっしゃったので、ぼくは、給食の給を書きました。

あててもらうとうれしいです。
かん字は一番すきです。
（男児）

二　漢字の練習――NHK「漢字の練習」――

当時・広島大学附属東雲小学校
発表の場・NHK教育テレビ「おかあさんの勉強室」広島中央放送局
実践年・昭和四十三年（当時・三十六歳）

1　NHK「漢字の練習」

NHK教育テレビ「おかあさんの勉強室」小学校二年生が、広島中央放送局が担当制作することになったのが昭和四十三年四月であった。その第一回めが「二年生になって」という企画で、たまたま一年生を担任していた私の方に話があった。当時、校長で広島大学教授（教育学部）心理学の林　重政先生が指導に当たり、春から二年生になる子ども達とその番組に出演することになった。担当アナウンサーが、また林　孝彦氏、両林氏のご指導を受けることになったわけであるが、「二年生は、一年生の延長ではあるが、二年生一年間でみるといろいろな変化がある。」ことを、学校生活へのなれ、集団意識のめばえ、行動半径の広がり、一年生を迎えて意識の向上がある、などを具体的に述べたり演じさせたりした記憶が残っている。

そのご縁で、昭和四十五年十二月、おかあさんの勉強室「漢字の練習」に、再び出演することになった。子どもさんは、広島市立本川小学校の児童と、同小学校の金国ミサオ先生、アナウンサーは増田康氏。

低学年での漢字学習は、すべてが基本となるものですから、正確でていねいな指導が必要です。漢字に対する親しみをもたせ、自分からわからない語句を確かなものにしていこうという意欲をもたせることが特に大切です。そして、一年生では、文字をていねいに書こうとする態度が中心になりますが、二年生では、字の形や筆順に注意して正しい字を書くことが大切になります。この時間では、こうした漢字の練習におけるいろいろな工夫について考えます。

ということが、テーマではなかったかと思う。

番組では、はじめに「右」と「左」の筆順の違い、そのわけ（＝右手、＝筆順、＝左手、＝筆順）を私がお話して、本川小学校の教室での漢字指導風景が放映された。その中で、金国先生は、子どもさんの名前から漢字の成り立ちにふれ、木林　森、さらにクイズ的に発展させて、𣡽（ジャングル）とあつかわれたのはおもしろく感じさせられた。「雪」という字の意味づけ、手（）の上にのる雨が雪ですよ。それから「歩く」の筆順の指導など、ゆきわたった漢字指導、漢字練習に敬意を表した。

あとの座談会で、ふだん授業で感じられていることを金国先生と話し合い、結局、書きやすさ、形の美しさ、速さということから先人が到達されたものが筆順、しかし、あくまでも絶対的なものではないことなど、また、要は、漢字練習は、子どもの筋肉を使っておぼえる、言葉として書く練習をする、機械的な練習だけでは意味が薄いなどを取り上げたと思う。さらに、生活の中で、読み書きを広げていくことの多いことやその必要性などを話し合った。

2　漢字の習得

(1)　言語力の内容

漢字仮名交じりの文の形態である現代の文章の中で、漢字が果たしている役割は大きい。表意性をもつばかりでなく、漢字を交えることによって語句や文も短くなり、分かりやすくするという利

学　年	学年別配当漢字の文字数	学年ごとの累積文字数	読み、その大体を書くことができる字数
1	76字	76字	70字ぐらい
2	145字	221字	220字ぐらい
3	195字	416字	410字ぐらい
4	195字	611字	610字ぐらい
5	195字	806字	800字ぐらい
6	190字	996字	1000字ぐらい

点をもっている。言語力の内容として、次のことを含めて、漢字の習得を図るようにする。

○漢字を正しく読むことができる。

○漢字の意味を理解することができる。

○文や文章の中で適切に使うことができる。

即ち、単なる文字の読み書きにとどまらず、語句として、あるいは文や文章の中で適切に使うことができるように指導することが必要である。

文字に関する指導事項の、漢字の読み書きについては、第一学年から第六学年までの学年別漢字配当表の文字を「読み、その大体を書く」ことが要求されている。学年ごとの漢字の文字数は、上表の通りであるが、第六学年では、「学年別漢字配当表の第一学年から第六学年までに配当されている漢字を含めて、一〇〇〇字ぐらいの漢字を読み、その大体を書くこと。」（2(1)ウ）となっている。

九　こんな子どもに

――「生活ノート」から――

細　井　　迪（当時・宇品東小学校）
発表の場・宇品中学区同和教育研究会
発表年・昭和四十六年（当時・四十三歳）

はじめに

子ども一人ひとりを大切にする教育には、子どもの実態を把握することが必要です。

そこで私は、あったことをあった通りに、読む人によく分かるように書くという、作文指導に則って子ども達に、毎日、「生活ノート」（日記）を書かせました。そして、その子の心に寄り添った赤ペンを入れてきました。

そこには、子ども・教師・保護者が共に心を通わせて、信頼・助け合い・磨き合う関係が生まれると信じたからです。

たまたま、先日、「宇品東小学校ＰＴＡ新聞第59号」に、「こんな子どもに―『生活ノート』から―」という題目で、一ページ全面にわたって、私の学級の子ども達の文章を掲載していただきました。今日は、その記録を中心に話を進めてみたいと思います。

あたたかな心を

今夜は、家族が久しぶりにそろって食事をした。食後のくだものということで、柿をむいてもらった。

おとうさんが一番大きいのをとった。負けずに私もと、大きいのを選んだ。とうとうおかあさんが一番小さいの。

かわいそうなので、私のとかえてあげた。おかあさんは、ニコッとわらった。　（Ｙ）

水曜日の夜
「八重子ねえちゃん（おかあさんの妹）が、あかちゃんをうんだ。」と、おにいちゃんから、電話がかかってきた。

男の子だそうだ。

よかったね。

おねえちゃん、おにいちゃん。

パパとママになるんだね。

ほんとうにおめでとう。　（S）

・・・・・・・・かわいそうなのでと表現したYさん。おかあさんの心を思ってハッとしたYさんの、「ごめんなさい。」という気持ちがうかがえます。「よかったね。パパとママになるんだね。」のSさん、お兄さんやお姉さんが知ったら、涙を流して喜んでくださるのでは。

「近頃の子ども達は……」と言われる子ども達にも、こんなあたたかな心があるのです。平気でにくらしいことをしゃべってばかりと思っている子にも、心の底には、ほのかなあたたかい心が流れているのです。


人の喜びを喜ぶ人間に。

人の悲しみを悲しむ人間に。

人の苦しみを苦しむ人間に。

のためにも、この心を伸ばしたいものです。にじみ出させたいものです。

いのちをだいじに

朝、ダイコンの小さな芽が、ひょろひょろとはえていた。

学校に行くと、雨が、ザアーとふってきた。強い雨。ダイコンの小さなくきや芽はもつかなーと思った。

家に帰ってみたら、やっぱりもたなかったのか、小さなくきがおれていた。　（K）

夕方さんぽで、一万トンバースまで、お父さんと行った。

おとうさんが、

「これ、見てごらん。」

といわれたので、ひょいと見ると、船からおろすときにこぼれたらしい、小麦が、小さなみどりのはっぱを出して、海に落ちそうになりながらはえているところだった。

まるで、根が岸壁にかじりついているようだった。こんなすみっこにも、力強い生命のたたかいがあるのだなと、びっくりした。（W）

今の子は、感動が少ないと言われます。感動する場が少ないと言われます。本当にそうでしょうか。

感動する場ではなしに、感動する心、感動する目が問題ではないでしょうか。

K君やW君のように、小さなものに目をつける心、感動する心を育てなければと思うのです。

W君のお父さんのように、散歩の途中にも、子どもを育てる場はたくさんあると思うのです。

いきどおる子に

わたしの家の近くのおかし屋には、おじいさんとおばあさんがいる。

そのおじいさんときたら、わたしたちが買うがおそくなると、「ぶつぶつ」おこるくせに、おとなの人はおそくなっても、「はいはい」といって、もんく一ついわない。

これは、おとなと子どもの差別だ。こんなことはあってほしくない。（T）

電車からおりる。
パッ
信号が青になった。
なのに、車は走っている。

おばさんが
悪いことのように走ってわたった。
わたしは
はらがたったので、
わざとゆっくりわたる。
いつもこうだ。
こんなことでは
交通事故はなくならない。
（Y）

　Tさんといっしょに帰っていると、ふたりの女の人がかさを持っていて、わたしのかさにつっかかっていった。それでもしらんふり。「あんな人いやだね…」。おとなになっても、たったひとこと、「すみません」言えないのかと思った。

　もし、「ごめん」ということが言えなくても、「あっ」という、びっくりしたことばででも表せばいいのに。

　そのまま、となりの人としゃべりながら、知らんぷりして行った。
（O）

　TさんもYさんもOさんも、おとなの不正な行動に対して、いきどおりをぶちまけています。ほんとうに、こんな生活ノートがたくさんあるのです。

　「子どものくせになまいきな」と言える問題ではないのです。私は、大人だけでなく、友達の不正に対しても、ビシビシといきどおりを発散させる子になってほしいと思うのです。

　過去いくたびか泣き寝入りをした私達を追い越す人間になって欲しいのです。しかし、そのためには、真実を真実とみる目、正を正とみる目が育っていなければなりません。

学習の中で

シャキン　シャキン
くすりを切る。

パチン　パチン　パチン
ホッチキスでとめる。
どんどんできていく。
山になってきた。
ひたいにあせがながれた。
ポトン
くすりに　あせがおちる。
やっとおわった。
フウーッと、ため息をついた。

（F）

おばあちゃんの顔　クシャクシャ
でも　つやがある。
おばあちゃんは　とてもよく働く
こまねずみ　みたいだ。
もう七十三さいなのに。
ちいさいとき
よくおぶってもらったけな。
おばあちゃんの手　クシャクシャ
さわってみた。
とてもあったかい。
つくろい物をしている。
みると　まほうつかいだ。
おばあちゃん
わたし　大きくなったら
めんどうみるけえね。
おばあちゃん。

（F）

学校から帰り、つくえの前にすわって、古米のことを、先生にいわれたことを参考にし、もういっぺん考えた。

「まだ考えが浅い」と、先生がいわれたのは、自分たちが食べる米のことばかりだったからじゃないだろうか。そんなことを考えていたとき、ちょうど、ラジオで「米の生産ちょうせいを現地に見る」という放送があった。

それは、米作りから、酪農や野菜作りなどに、スムーズに切りかえられたところもあるが、長野市はリンゴの産地とはいえ、「外国のくだ物を自由にしろ」という声が多くあがっているため、切りかえることがむずかしい。ということが、おもなすじだった。

今は、「こめを作るのをやめたらお金を出そう」といい、かげでは、「台風の大きいのが二、三回くればちょうどいい」なんていっているが、いっぺんでも、おひゃくしょうさんの苦労を考えたことがあるだろうか。あれば、こんなことはいえないはずだ。

おひゃくしょうさんは、つゆのころ、雨にぬれながらたうえをした。寒い日は、ビニールハウスをかけてやった。その苦労とあせのしみこんだ米が、やっと実ったら、「台風が二、三回くればいい」。じょうだんじゃない。わたしは、とってもはらがたつ。

（Y）

「働いたことを書こう」の作文学習から生まれたF君とFさんの作品。「日本の米作り」の社会科学習から生まれたYさんの作品。

F君はお母さんの内職を手伝って、たいへんな仕事だなあと、お母さんの苦労を感じたのです。Fさんは、おばあちゃんをしっかり見つめながら、よく働くおばあちゃんに感謝し、大きくなったらご恩返しをと思っています。Yさんは、古米の学習をもっと深く究めたいと、世の中の動きについてまでも考えました。おどろきです。

これからも、学習に関連して、懸命に働く子ども、じっくり考える子どもが、すくすくと成長していくことを期待します。

おわりに

ごく最近、こんな生活ノートに出会いました。

「生活ノートは、先生との会話の一つでしょう。

私はなまけて、このごろあまり書かないけれど、先生と生でしゃべれなくても、生活ノートでしゃべれるから、どんどん書こうと思います。」

また、あるお母さんから、「先生の赤ペン、毎日楽しみにしているんですよ。」の声かけがありました。どちらもうれしいことです。

「生活ノート」は、子どもも私も、たいへんな仕事です。しかし、私は、返してもらった自分の生活ノートを、そーっと開いて、ニコッとする子どもの顔を見るのが楽しいのです。

子ども達の生活ノートに、うーんと感心し、私も育てられていることを実感しています。

これからも、子ども達の素直な表現を一枚文集にして、子どもとともに読み合い、磨き合っていきたいと思っています。

十　態度の変容を目指す「テーマ日記」

竹　内　浩　二（当時・八木小学校）
実践の場・学級
実践年・平成元年（当時・四十六歳）

一　はじめに

教職について以来、三十年近く、作文教育の一環として、日記指導を行ってきた。それは、学年に応じ、時の流れに応じて、様々な形を取り入れながらの指導実践である。

今回紹介するのは、態度の変容を目指す「テーマ」（奄美大島作文研究会の「テーマ日記」を参考）

である。これは、日常生活の中から、問題点や関心事を、一つのテーマにしぼり、継続して見つめることから始める。そして、その問題点や関心事を見つめ直し、自己を振り返り、その問題などの解決・改善を図ろうとするものである。

　この取り組みは、当然のことであるが、国語教育の範疇の中で実践するものであり、国語科のねらう表現力や技能等の諸能力も伸ばそうとするものである。ここでは、取材と構成に力点を置いた日記指導を行い、その活動の中から、多様な視点をもたせ、物の見方・考え方を深め、自己変革・態度の変容をしていくことを中心に述べる。

二　第五学年（平成元年九～十月実践）

児童の実態

　明るく伸び伸びして活動的ではあるが、あだ名を言ったり、人の欠点を指摘したり、相手の立場を考えない児童が多い。家庭でもよく兄弟げんかをし、母親から叱られることも多い。学級内では、自己を主張できず、孤立しがちな児童もいる。

　しっかりとした視点で作文が書ける児童もいるが、全体には語彙数が少なく、書く意欲に欠けている。一学期には、生活日記や読書一口感想などに取り組んできたが、表現力に劣る児童が多く、まとまった文章はなかなか書けない。

三　学習計画の概要

　学級の実態でも触れたように、その学級や家庭での実態を改善するというねらいのもとに、テーマ日記を実施することにした。

　日記という性質上、児童の活動時間は大半が家庭である。指導も多くは給食の待ち時間であったり、放課後である。授業として扱ったのは、

1、「テーマ日記」のねらいとその書き方、
2、まとめの書き方、
3、表記や直し方、

4、作品の鑑賞（日記の読み合い）等で、五時間程度である。なお、この取り組みでは、児童の日記を毎日確認する必要があり、一斉に開始すると無理があるので、三つのグループに分け、十日間ずつずらして行った。

四　具体的な取り組み

Ａ「テーマ日記」の趣旨とその書き方のプリント（資料①）を説明し、日記を書き始める。

資料①

○テーマ日記

テーマ（主題）について
　自分がいちばん心に強く思っていることをテーマにします。

テーマの例
・お兄さんとよくけんかをすること
・ぼくの○○をするくせ
・どうしても発表できない私
・家の中での一人ひとりの役割
　そのテーマで、毎日つづけ、考えつづけ、書きつづけます。書きつづけていく中で、明日に向けて予想をもち、自分で行動し、その結果を考えていくのです。そして、十日から二十日ほど書きつづけたら、〈まとめ〉を書きます。

◎テーマ日記の約束

1、きょうのできごとを書く。
2、決めたテーマについて書く。
3、どんなことでも、テーマに結びつけて書く。
4、まえの日記の「読み返し」をして書く。
5、まえの日記と同じことを書かない。
6、「題」を決めて書く。

Ｂ、日々の日記の扱い

- 毎日、「テーマ日記」の約束が守られているか、日記を確認する。○印やサイドラインを入れ、共感したことを伝えながら、書き進めさせる。
- 約束事項に添っていない場合は、日記上でそれを指摘したり、質問や問いかけによって、修正させていく。
- 視点が変わらない場合は、例示をしたり、直接会話により、話し合っていく。
- 他の人の取り組みや進み具合を紹介し、ヒントにさせる。

以上のような取り組みを経て、「まとめ」に入るのだが、A児の日々の日記の過程を記しておく。

資料②

A児の日々の日記（日記の題と内容のあらまし）

「変身、お兄ちゃん」○書きたいこと…暴力をふるうお兄ちゃんとわたしの関係

第一回「お兄ちゃんとわたし」○お兄ちゃんとわたしは、どうしてこんなに仲が悪くて、けんかをするのか不思議だ。

第二回「けんかのげんいん」○わたしが、なまいきな言葉を使わなかったら、暴力をふるわなかったかなぁと、少し分かった。

第三回「カタグロの取り合い」○カタグロの取り合いをしたが、お兄ちゃんは暴力をふるわなかった。

第四回「静かにせい！」○口げんかが続いたが、暴力はふるわなかった。あんなにやめてほしかったお兄ちゃんの暴力でも、ずっとしていないとさびしい。

第五回「やめんさいや！」○お兄ちゃんが、妹のいやがることをしていたので、わたしが注意した。

第六回「おにいちゃん、ありがとう」○遠足のとき貸してもらえないと思っていたリュックサックを貸してくれた。きせきかと思った。

第七回「お兄ちゃんのけが」〇お兄ちゃんのうでのほねにひびが入った。だから、ズボンをはかせたり、ベルトをしめてあげた。「すまんの。ありがとう」

第八回「お父さんの反省」〇けがはお父さんとのプロレスがげんいん。お父さんはお兄ちゃんの世話をいろいろして、お兄ちゃんにおわびをしているみたいだ。

第九回「カセットテープ」〇二人でるすばんをし、カセットテープを聞き、大笑いした。やっぱり楽しい兄弟がいいし、けんかはしたくない。

第十回「ソファーの取り合い」〇ちょっとしたすきにお兄ちゃんにソファーを取られた。くそっと思ったが何もしなかった。

第十一回「ほうたい」〇ほうたいを買ってきたが、ありがとうと言って、（ちがうほうたいだったが、）注文をつけなかった。今度から、そのほうたいを買わないように気をつけようと思った。

第十二回「本当のお兄ちゃん！」〇逆立ちの練習をしていて、ドスンとしりもちをついた。そのとき、お兄ちゃんが「だいじょうぶか」と言ってくれたので、かんげきだった。

C、まとめに入る。

十回を過ぎ、日記の内容が多様になり、気持ちの変化・転換が見られるようになるとまとめの段階に入る。まとめのプリント（資料③）を配布し、各自まとめの書き方を考えさせる。まとめの指示は、個々の児童の進度により決定し、ここでは、個人指導を中心にし、しっかりと時間をかける。

資料③

テーマ日記のまとめの書き方

☆　テーマ「兄とわたし―毎日のようにけんかしている二人」（例）

イ、順を追ってまとめていく。
①今までの二人の関係…よくけんかをしている状態
②日記を書き始めて…相変わらずけんかをしている様子
③日記をしばらく書いて…けんかの原因などをつかみ、二人の関係が変化していく様子
④日記の終わりごろ…相手の立場や気持ちを考えるようになったこと、時にはけんかをするが、仲良しの状態
⑤これからの二人の関係は、どのようになったらいいか。

ロ、特ちょう的な日記を選んでまとめていく。
①ひじょうにはげしいけんかの日の様子
②けんかの原因が分かった日のこと（仲良くきできたきっかけの日のこと）
③協力したり、仲良くできた日のこと
④これからの見通し…どのようにしていったらよいか。

ハ、問題点や二人の良さや欠点を整理し、まとめていく。
①二人の関係での問題点
②兄の態度について…悪い点、気になる点、良い点、優しい点など
③自分の兄に対する態度について…良い点、悪い点、気をつけている点
④二人の態度を整理し、どうしたらよいか考える。
⑤それを実行し、二人の様子を書く。

こうして、自分はどの型でまとめていくかを決め、書き進める。この作業は家庭で行うので、なかなか上手くまとまらない。何度か手直しをしながら、日記をまとめ上げていくことになる。先のA児の作品が資料④である。

資料④

「変身お兄ちゃん」

私のお兄ちゃんは、とてもいじ悪だ。いつもたたいたり、けったりする。お兄ちゃんは、ぼう力の世界一だと、私は思う。それは、ぼう力をふるわれてけがをしたことが多いからだ。前は、おなかをとびげりされたし、なぐられて鼻血が出たし、なぐられて目がはれたこともある。けんかをするほど仲がいいとみんなはいうけれど、これでは、けんかのやりすぎとしか思えない。

でもどうして、お兄ちゃんとわたしは、こんなに仲がわるくてけんかをよくするのか不思議に思う。毎日テーマ日記を書いていると、いろいろな発見があった。

テーマ日記を書き始めた頃のことだ。歌を歌っていると、お兄ちゃんが「しずかにせいや」と言ったので、わたしはムシして歌っていると、「おんちじゃけえ歌うなやぁ」と言いました。

わたしのほうがうまいのにと思った。お兄ちゃんは、気に入らないことがあると、すぐ人の悪口を言うのだ。どうもお兄ちゃんの方が悪い。

しかし、よく考えてみると、けんかのげんいんが分かりました。それは、テーマ日記を書いて二日目です。お兄ちゃんは「おれのこと、テーマ日記でカッコよく、いいように書けよ」と言ったので、わたしが「分からんよ、本当のことを書くんじゃけえ」と言ったら、お兄ちゃんは、「ヘンなことを書いたら、やぶるけえのう」と言った。だからわたしも、「やぶったら、お母さんに言うけえ」と、いばって言うと、お兄ちゃんははらを立てたのかムスーとしていた。でもはらを立てたのは、わたしが生意気な言葉を使うので、お兄ちゃんがはらを立てて、けんかをまき起こすのではないかと思った。わたしは、口がたっしゃで、くやしい時は、口で生意気を言うのだ。

お兄ちゃんは、本当はやさしい人だと思ったことも何度もあった。お兄ちゃんは、あのリュックサックかしてくれたのだ。お兄ちゃんは、すごく新しいリュックサックをちゃんときれいにたたんでしまっておいたのに。わたしのリュックサックが小さいので、お兄ちゃんのきげんのいい日に、「かして」とたのんだら、かしてくれたのだ。あんなに大切しまっておいたリュックサックをかしてくれるとは、思いもしなかった。それいらい、口げんかもあまりしていない。最後のへんはお兄ちゃは、お兄ちゃんらしくわたしがさか立ちの練習をしていて、転んだ時に、「だいじょうぶか」と言ってくれた。だから、私のことを思ってくれているのだと分かった。その時はうれしかった。最近は、あまりけんかもしなくなった。けんかをしないとちょっとさびしい。

テーマ日記を書き終わって、お兄ちゃんは本当はやさしい人と言うことが、かくしんできたのは、何よりうれしかった。ぼう力の世界一だと思っていたお兄ちゃんは、とてもやさしいお兄ちゃんに変身したのだ。でも、それが今だけじゃなく、一生協力して、仲の良い、思いやりのある兄弟にしていきたい。

五　取り組みの成果と今後の課題

このテーマ日記を通して、「一つのことを見たり考えたりしたことを書き続け、物の見方・考え方を変えていくこと、そして、自分の態度や行動を振り返り、良い方向へ変えていこうとする気持ちを育てること」という目標は、ある程度達成されたように思う。ただ、国語科としての諸能力を伸ばすということには、課題も残った。

まず成果を列記して見る。

①　日記の形態が変わったため、多くの児童が積

極的に取り組み、書くことへの抵抗感が減った。

② 物事をいろいろな角度から見ることができるようになり、物事を追及していこうとする姿勢もみえてきた。

③ 日記を書く過程で、自分や相手の態度の変化に気付くことができ、望ましい関係にするにはどうしたらいいかを考えることができる児童が増えた。

④ 展望を入れて、〈まとめ〉を書かせたので、文章の構成を考えることができた。

⑤ 長い文章が書けない児童もかなりの長さの文章を書くことができるようになった。

⑥ 多くの児童は、〈まとめ〉を書き終えて、互いの作品を読み合うなどして、満足感を持っていた。

保護者の方からも「子どもの生活態度がよくなった」等の感想が寄せられ、概ね好評であった。一部の保護者であるが、また、取り組んでほしいという意見もあった。

今後、検討・改善すべき課題もいくつか出てきた。それらは、

① 〈まとめ〉の段階で三つパターンを示したが、多くは順を追ってまとめていくものであった。日記の再構成には時間をかけて、多様なまとめかたをさせたかった。また、授業外の活動が中心のため、十分な個人指導の時間が取れず、一方的指導になったり、材料は揃っているが、消化不良であったりした場合もある。

② 日記がとぎれたり、他面的な見方ができなかったりした児童は、日記の深まりもなく、態度の変容もみられなかった。

③ テーマ日記に取り組むにあたって、家庭との連携を十分に図れば、効果はさらに大きく、持続的なものになったであろう。

④ 表現の仕方や表記については、一斉指導はしたものの、個々の指導が不十分なままで、不徹

底であった。最後に、蛇足となるが、このテーマ日記のねらいである態度の変容に関して、変容の過程の考察をしておくと、次のようになる。

資料⑤

テーマ日記を通しての態度の変容過程の考察

○　日記を書くことの意味と限界

①　書くことは立ち止まること、立ち止まることによって、見えなかったものが見え、しっかり考えることができるようになる。

②　書くことによって、しっかりとしたある印象を残すことができる。印象は、局所拡大思考により成り立っており、好きな面、また嫌いな面が強調される傾向にある。

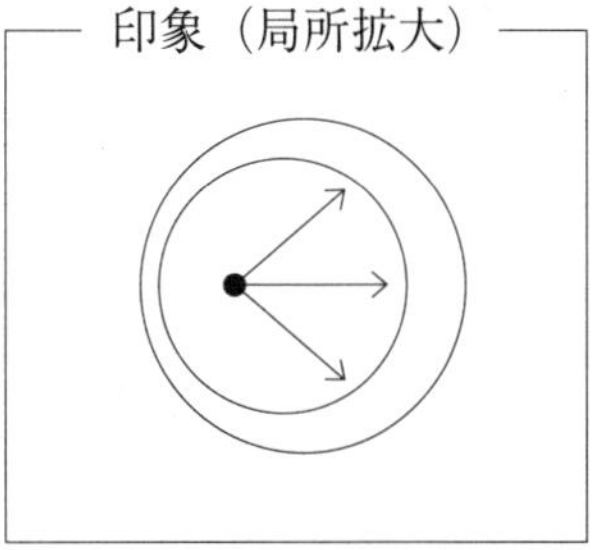

③　その印象を書くことは意義のあることなのだが、課題解決を図るには、一面的にしかとらえられていないという限界がある。

○　同じテーマで継続して書くことの意味

①　同じことを書かないという条件設定をすることにより、その人物や物を多様な視点から見るようになる。

②　その活動を通して、いろいろな発見が

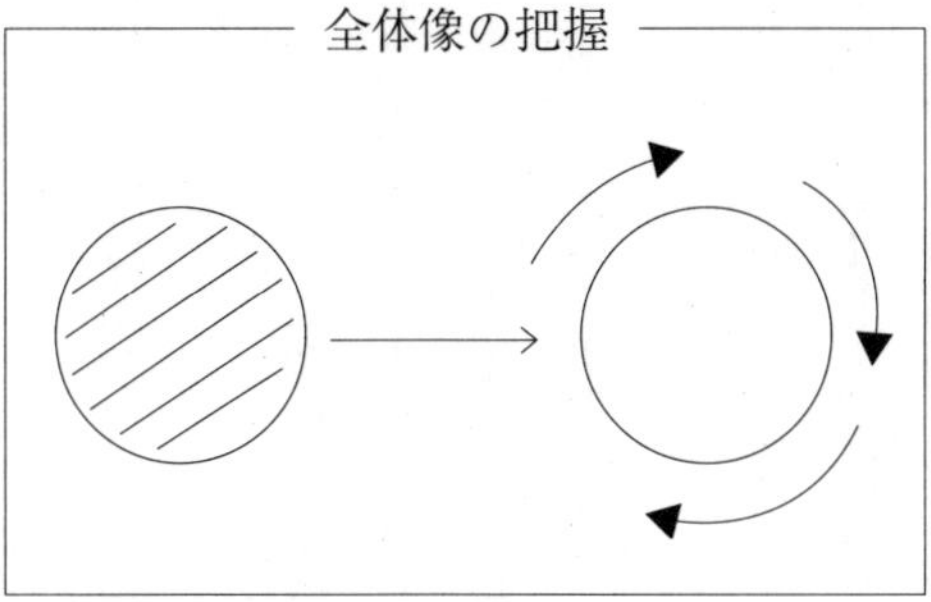

あり、その人や物の特性（良い面、悪い面）やその人の気持ちなどが、客観的に理解できる。

③　そのことにより、その人や物の一面ではなく、全体像あるいはそのものの本質をつかむことができる。

④　さらに進めば、新たな自分の気持ちや態度に気付く場合がある。

○　態度の変容の相乗効果

①　究極的には、相手や対象への印象が変わることにより、自己変革がされ、態度の変容が

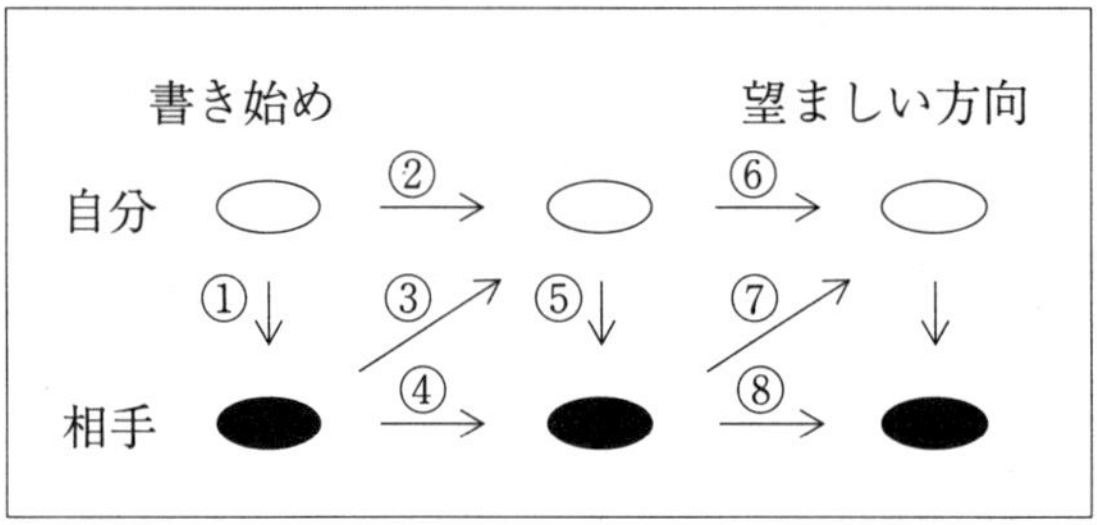

起こる。

②　その態度の変化が相手に伝われば、相手の態度も変化していく。

③　こうして、お互いの態度の変化の認識ができれば、両者の態度は望ましい方向への変容を繰り返すことになる。（奇数番号は認識、偶数番号は態度の変容を示す）

態度のプラス面ばかり述べたが、注意しておかねばならないことは、望ましい態度変化も、何かのきっかけで脆くも崩れ去る危険性があり、学校でも家庭でもしっかりとしたホローが必要であろう。また、日記を持続しても、一面的な見方・とらえ方しかできない場合は、その問題を増幅する結果に終わる場合も考えておかねばならないであろう。（以上は、同和教育研究会発表資料をもとに再構成した）

十一　「書くこと」で育む心と学級づくり

三　島　幸　枝（当時・藤の木小学校）
発表の場・総合教育技術
実践年・平成二年（当時・四十三歳）

一　はじめに

朝先生が教室に入って来られました。教室へ入る時、ちょっとしたことがありました。それは、男子たちがわざとドアのところに黒板消しをはさみ、先生がドアを開けた時、同時に黒板消しが落ちるようにしかけをしたのです。が、先生は身も軽く心も軽くと思えるほど、簡単にその作戦を見破ったのでした。そして、男子たちがやったのを知っても、心にもとめず、これからの仕事の話を始めたのでした。（四月　A）

振興住宅団地に開校したばかりの学校で、六年生を担任した翌日の早速の洗礼だった。ガラス越しの最前列の女児の目配せに助けられ、以後ワルどもに一目おかせた黒板消し事件から六年二組の歴史は始まった。

授業中挙手するのは二、三人で、あくび、おしゃべり、手なぐさみが目立ち、怠惰な雰囲気が漂っていた。しんどいことからの逃げの姿勢。ぽんぽん飛び交う悪口や揶揄。「オレら、ワルなんじゃ。」とうそぶき、煙草をふかす仕草を得意げにする数人の子ども達が学級にそんなムードを作ろうとしていた。周りの子ども達も、その場でのおもしろさや楽を求め、容認したり追従したりしていた。「よくない」と思う子がいたとしても、言える雰囲気ではなかった。

学級の仲間として理解し合い協力すること、しんどいことでも義務を果たすこと、公式の場できちんとした発言、お互いの思いを伝え合うこと、わがままや自分勝手を控えること、チャレンジ精神、新設校の最高学年として、思いやりや優しさの心で校風を築くこと、やらねばならないことが次々と浮かんできたが、「できるところまでがんばるしかない」と開き直ってのスタートだった。

二 「書くこと」の意義

子ども達は、じっくり考えるという経験が乏しく、めんどうくさがってすぐ答を出したがったり行動したりしがちである。それは、年々強まっていく傾向にあるように思う。だから、じっくり考えるという習慣を付ける意味でも、「書くこと」を大切にしたいと常々思っている。私は、新しく担任した子ども達に、いつも、「先生の趣味は作文を書かせること。さあ、今年も書かせるよ。」と宣言して、覚悟をさせることにしている。

書き続けることによって、子ども達はだんだん書き慣れ、物事を豊かに見つめられるようになったり、自分の心の中の変化に気付き始めたりするようになる。さらに書いたものを読み合い話し合い、再度書くことによって、人を理解したり、考え方を磨き合ったり、自己変革の場となったりする。そして、それが学級集団として高まることにも繋がっていく。

そう考えて、これまでも「書くこと」を大切にした学級経営を進めてきた。一年しかない今年は、一層しっかり書き合い理解し合い磨き合えるように、有効な書く場を多く設定していきたいと思った。

三 実践

① 短作文と一枚文集「はばたけ六年二組」

書くことの嫌いな子が多いクラスだった。書く時間を設定して強制的に書かせなければ書かない子が多かった。作文を強制することにはためらいもあったが、書くことの嫌いな子にこそ度々書いてもらいたかった。
・週四回朝の自習時間十五分を短作文に確保
・B５縦罫だけの作文用紙
・題は自由
・評価はよく書けている部分にまる
・肯定的なコメントをつけて返却
・個別にファイル
・考え合いたい課題や啓発になるもの等の何編かをワープロ印刷（最終的には同回数載るように配慮）
・読み合った後ファイル
・二学期末と三学期末に文集「はばたけ六年二組」として製本

マラソン大会（前半略）
「あ、着いた。ゴールだ。」と思いました。

わたしはすわりこんだ。なみだが出てしまいました。それは、足の痛さやくやしさのあまりに出てしまったなみだでした。でも、わたしは考えました。足が痛かったのに、わたしはここまでやれてよかったと自分で思ったのです。六十三番だったけど、わたしはほんとうによくやった、がんばった、よくやりぬいたと最後に思いました。階段を上がっている時、

「むっちゃん、こんなにおそいとは思わんかった。」

と、Bさんに言われてしまいました。そのときは、とてもくやしかったです。わたしは、

「足が痛くなかったらよかった。」

と、しみじみBさんとCさんに言いました。するとCさんに、

「足が痛くなくてもおそかったかもしれんよ。」

と、また言われました。とてもくやしかったです。でも、わたしは、にこにこと、

「そうかもね。」

と言いました。

わたし自身は、よくがんばりぬいたと思っています。（D）

初めは、できごとだけの羅列が多かったが、だんだん心の動きを見つめて書けるようになっていった。それにつれて、一枚文集で友だちの作文を読んで人の思いにふれ、自分を振り返ることも多くなっていった。

② ことばを豊かに……「ことばの教室」

話をしている時、「何、それ。」と、よく聞く子がいる。確かめてみると、他にも分からない子がたくさんいるということが何回か続いた。語彙が乏しいのだ。漫画にでてくるような擬音や新語はよく知っているが、心を豊かに表現する言葉をあまり知らないと思われた。そこで、楽しくことばを学びながら豊かなことばの世界を広げていく一つの試みとして、「ことばの教室」を実践した。

・月1回　各2時間

・雑草調べ　花ことばづくり　藤の木小校庭七草（例1）　秋を表すことば　俳句　形容詞さがし　禁句を使わずに表現する（例2寒い）　○のつくことばで詩作（例3）　など

○例1　タデ　ヨモギ　スギナ　ヒメシバ　チカラシバ　ツユクサ　クローバ　校庭七草　（E）

○例2　外に出ると、冷たい風が体にひんやり。あたった風のいきおいで、体がとんでしまいそう。風と体当たりしながら学校に行った。かぜをひいてしまうのではないかと思ったほどだ。（F）

○例3　かえるがかっぱつにかけめぐり
がんばりかわにかけこんだ

かめがかげからかおをだし
かくれたかえるをかぎつけた
かえるかけこむかわのそこ
かえるかくれるかろうじて
かめはかえったかわのなか
かえるもかえるかわのなか　（G）

辞書をひいたり人に聞いたりしながら自分のことばの世界を広げ、さらに学級内で交流することによって、ことばに対する関心を強めることができた。

③　詩集づくり

詩の学習は多くの詩を読むことから始めた。詩を印刷しては配り、皆で一斉に音読した。詩集づくりに取り組んだのは、数十編の詩のプリントが貯まった頃である。

・十ページの「ぼくの、わたしの好きな詩」詩集づくり（好きな詩を視写。理由と挿し絵を入れる）

・「六年二組詩集」（たくさん作った自分の詩の中から選んだ一編を集めて）

たくさんの詩を読み、自分で詩を書くためにいろんなものを見つめて、自然や世の中のできごとに気付いたり思いをめぐらせたりするようになって、優しさや豊かさ、しなやかさなどの心が育ったように思う。

母

横断歩道を渡るとき
右手に弟　左手に私
母の方に少し近づく
信号機が青になったとき
母の手に力が入る
力強くにぎった母の手は
とてもあたたかい
横断歩道を渡り終えた後
私の手にはかすかに

母の手のぬくもりが残っている　（H）

④　リレー物語……ちこく寸前大冒険物語

『空の水おけに、雷様がつまずいてひっくり返してしまったのではないかと思うほど、はげしく地面をたたく雨の音で目を覚ました直一郎君は、しばらくふとんの上で耳をすましていました。（中略）夢中で走っていた直一郎君は、行く手にぱっくりと口を開けている大きな穴に全く気がつきませんでした。

「わああああ。」

直一郎君は、大きな悲鳴を残して、真っ暗な穴の中にまっさかさまに落ちていきました。

優一郎君は、あっけにとられて、その様子を見ていました。』（三島）

作文嫌いな子ども達も楽しく書けるようにと考えて取り組んだのが、前述の書き出しに始まるリレー物語だ。

前の人の話の筋を受けて、自由に物語を展開して次の人に送り、学級全員を一回りしたところで完結する。登場人物は学級の仲間なので、いつ自分が登場するかとドキドキする楽しみもある。朝の会でその日の当番が発表するのをとても楽しみにしていた。途中で話がこんがらかって分からなくなったり、登場人物が多くなりすぎてややこしくなったりもしたが、作文の苦手な子がびっくりするほど書いて来て喜ばせた。また、あまり目立たない子も物語にしっかり登場していて、学級の仲間一人一人に向けられる皆の目が確かに育っていることが感じられた。（印刷製本）

⑤　仲間の立場や心を見つめ合う小冊子

短作文や学習記録などから考え合う課題を見つけて印刷。それに対して全員が考え返事を書く。返事を交流し、話し合ったりまた書き合ったりした。（課題毎に印刷製本）

「こんなこと、はらがたつなあ」「体育の時間に」「お母さんのこと」「お父さんのこと」「自分の心を見つめて」「そうじがんばってる？」など

自分のつらいこと、不合理だと思っても言えなかったことなどを表にだし、理解や共感を得て安心する子がいた。自分の行いの身勝手さに気付いた子がいた。表面上の「なかよし学級」から少し脱皮して、本物の仲間に近づいたように感じた。

四　おわりに

たくさんの作文のコメント、ワープロ印刷製本。正直言ってしんどかった。しかし、一年間の足跡が確実に残っている。文集、詩集、物語、小冊子。これらの足跡とともに、子ども達の心の中にも確かな歩みの跡が残っていると信じたい。

子ども達は変わる。いろいろなことを吸収してたくましく成長していく。それは、まわりからの働きかけに大きく左右される。そう感じる今、この仕事の重大な責任を改めてかみしめている。

十二　俳句指導の道

藤井秀昭

一　はじめに

私は校長六年間に、六年生の全学級に俳句の授業を二時間ずつやらせてもらった。退職後も何時間か俳句の授業に行った。特に井口明神小学校では、四・五・六年の希望者に、俳句倶楽部の指導に二年間通った。という経験もあり、俳句の授業の定番的な指導の流れを書かせてもらおうと思う。心に残った授業と言うより、今後も何らかの役に立つ授業と言う意味である。なるほどと思った方はこの方法でやって見られたらいいと思う。その意味で、俳句授業の一パターンを提示してみたいと思う。

二　一時間目

㈠、まず、次の俳句を黒板に提示する。

①天国はもう秋ですかお父さん
②滝の上に水現れて落ちにけり
③役付きも定年過ぎればただの人
④夏の夜の遠花火見る涼しさよ
⑤ゴキブリや邪馬台国はどこにある

㈡、この五つの俳句を示し、「どの俳句が好きですか、二つ○をつけ、その理由も書きなさい」と指示する。

㈢、書かせた後、発表させる。

・いろんな理由で①から⑤までの俳句について選んだ理由を言うと思うが、それぞれに肯定的に受け止めてやる。それから、それぞれの俳句について解説をする。その段階で俳句というものはどういうものであるか、納得させる。

・①の俳句は、五年生の女子が作った俳句で、いい俳句であることを認識させる。

既にお父さんは亡くなっていることが分かる。母と兄弟（この子一人の場合もあるが）で、お父さんが亡くなった家庭であるが、決して暗くはない。お父さん私達は元気で生きていますよ。もう、お父さんのいる天国は秋になりましたか、私達の暮らしている地上も秋になりました。一寸お父さんの事を思い出しましたが、心配しないでください。これからも私達明るく元気に生きていきます。

・そういったメッセージすら感じさせる俳句である。私自身この俳句に出会ったとき、本当に驚いた。簡単で分かりやすい言葉で、ここまで表せることができるのだ。

・②の俳句は、有名な俳人の句である。後藤夜半はこの俳句一つで有名になった。

・一読、とても当たり前で、何でこれが有名な句なのという感想はあるだろう。しかし、滝を見上げるとどうどうと水が次から次に落ちてくる様子が、見事に現されている。非常に臨場感のある句で、水しぶきを感じるくらいである。水現れてという表現がなるほどそうだなという感じである。

③これは川柳である。俳句と同じ、５・７・５であるが、季語がなく、社会風刺的な感じがあることを分からせる。

・俳句と同じく川柳も古くから書かれている短詩形文学で歴史を持っている。こちらの方向へ進んでみたいという子もいるかもしれない。

④の俳句はある意味では爆弾である。これは季語が三つも重なっており、駄句であるが、これを選んだ子のためにこれは駄目な俳句であるとは言わない。俳句に季語というものがあり、季語が入らないと俳句にならないと一応言っておく。昔から季語の入らない俳句もあり、それはそれなりに評価されている。最近も新俳句といって季語の入らない俳句もある。昔から、無季無定形の俳句もあ

ることは知らせておく必要がある。ただ、今は季語を入れ、5・7・5の俳句を勉強することを確認する。

その上でこの俳句は、・夏・花火（夏）・涼しい（夏）と夏の季語が三つも入り、季重なりと言って、俳句では一応嫌われる句であることもわからせる。
⑤の俳句は、高校生俳句大会で入賞した句である。これが何故評価されたかと言うと、ゴキブリは大昔から地球に生息している生き物で、邪馬台国というのは、これも大昔からどこに存在したと、学者が論議している問題である。九州説や大和説といろいろある。この高校生はその知識を踏まえた上で、そんなに昔から存在しているゴキブリなら、きっと邪馬台国がどこにあったのか知っているかもしれないという想いで作った句であるということが分かる。発想が面白くこういう面白味のある俳句もいいのだということを感じさせる。
こういう五つの例を考えさせ、自分も作ってみようかなという気を起こさせる。最初は季語が分からないので、季語が入らないでもいい、川柳でもいい、5・7・5になるように作ってみなさいと投げかける。

三　二時間目・作句の時間

一時間目と三時間目の間に、二時間目として作句の時間が入る。何日間かがあればいい。いい俳句を作ろうと考えるとえてして失敗する。とにかく思いつくまま、作ってみるという気持ちが大切である。

私の場合、一週間の間を置いた。その間に子ども達に俳句を作らせ、私の所に提出させる。そして、その俳句を一覧表にする。その段階で良くても悪くても一人一句に決める。教師が選ぶ。なお、どうしても考えさせたい句があれば二句以上の子どもがあってもよしとする。

四　三時間目

一覧表にした俳句の用紙を提示する。句会の様式を真似て、この俳句の中から、自分の句は選ばず、他人の俳句のいいのを、理由も考え、三句（人数の関係でここは何人でもいい）ほど選びなさいと投げかける。

各自三句ずつ投句したら、一覧表に正の字をつけていき、一応目安として、三点以上になった句について、票数の多い順に何故この句を選んだか、発表させる。その時には俳句の作者は伏せたままにしておく。

そうして自分が選んだ句について、どうしてこの句が好きだったのか理由を述べさせる。この理由が大切なのであって、友達の句だから選んだとか（事前に知っていて）、偶然選んだとか理由のない選び方をしないように、注意しておく必要がある。情景がよく分かるとか、私の作った俳句によく似ていて、共感できたからとか、その理由についても教師として、「なるほどね」「うんうん分かる分かる」とか相槌を打ってやる。それが俳句を作ろうという意欲につながる。

高点句から順に天・地・人の賞を与える。ベストテンでもよい。言葉だけでもいい。そして最後は教師自身が選んだ俳句を披露して句会を終わる。

五　実践の例

○俳句倶楽部の場合

私は井口明神小学校で校長先生の依頼で俳句倶楽部を指導していた。四年・五年・六年の希望者で、週一回、木曜日の午後行っていた。途中からは私自身がいろいろ忙しくなったので、二週間に一回にしてもらった。

もちろん、最初は前述したような流れで、俳句とはいかなるものであるかを分からせた後、俳句指導に入る。

兼題（宿題にして俳句を書いてこさせる）は、無しにした。それでなくても宿題が多いのに俳句の宿題を出したら、うんざりするからと思ったからである。だから、席題（その場で題を出す）だけにした。いきなり作れではできないので、まず、季語を出す。その季語も大雑把に出す。たとえば、「今は季節で言えば夏だね、よし夏らしい俳句を作ってみよう」というふうに投げかける。

水泳が毎日あって気持ちいい
泳いだらいつのまにやら日焼けした
プールする人にのぞかれはずかしい
森の道風がその道たどってる
夏の海きらきら光るぴかぴかと
風よわし風鈴の音鳴らしてる
父の日に料理作りをたのまれた
校門であいさつすると夏の風

すぐに披露するのではなく、俳句ができたら一句ずつ私の所に持ってこさせる。そして、私が簡単なアドバイスを与える。たとえば、

水泳がある日はわくわく楽しいな

という俳句を持ってきた場合、「楽しいな」という気持ちをすぐ出すのでなくて、なにか別の言い方はないかなというようにアドバイスする。できるだけ「楽しい」「面白い」「悲しい」という感情語で、簡単に片付けないように考えさせる。

語句の入れ替えで随分意味が変わる場合もあり、分かりやすくなる場合もある。適当に批正してやる必要があろう。この場合は個人指導であるが、一斉に指導する必要が生じたら手を休めさせ、この言葉はできるだけ使わない方がいいと全体に指示する。

その時間できた俳句は持って帰り、次の俳句の時間に一覧表にして、名前を伏せ持って行く。

その時間の最初は、前述の三時間目と同じで、

句会を開く。句会の常識は自分の俳句は絶対に選ばないというルールは最初に徹底しておく。そして、親友の句だから選ぶというのは無しにして、本当にいいと思ったから選ぶというのも確認しておく。

そして、高点句から選んだ理由を述べ、天地人を選び、教師からの特別賞も披露する。

これは、子ども達にとってスリルがあり、面白かったようで、楽しみにして参加していたようである。

夏休みが近付くと、夏休みや台風などを題材に俳句を作らせる。

バーベキュー初めて行ったよドキドキだ
台風で木がゆれるのが目じるしだ
虫取りでクワガタ取ったよさわったよ
朝が来る夏休みだと二度ねする
夏休みラジオ体そう苦手だな
暑い夏カープよ勝てよがんばれよ

秋には、スポーツの秋、読書の秋というそれに秋の花・木の実があると作らせる。

ドングリは私が好きな宝物
本読むと読書の旅が始まるよ
秋になるとってもスポーツしたくなる
天高しスポーツやって最高だ
コスモスは満開になる人を呼ぶ
イチョウの葉せんすに似てる小さいが

また、食欲の秋ともいう。

柿食えばさるの話を思い出す
栗のいが葉とおそろいの服を着る
家の中秋はさんまがジュージューだ

さんま焼きにん者の術につかえるな
まつたけは焼いたらにおいが広がるよ
ぶどうがりいっぱい食べてギブアップ

もちろん、寒い冬がくれば俳句ができる。

雪だるま起きたらすぐににらめっこ
寒い日に夜見る夢は夏の夢
ストーブは心も体もあたたまる

ある日、俳句を作っていると、日が照ってるのに雪がちらちらと舞っていた。すかざず、「これはね、俳句用語で風花と言うんだよ。さっそく作ってみるか」と呼びかけた。

風花が運動場で遊んでる
風花をサッカーボールが引きさいた

多分この子達は、風花が舞うと、これは風花と言うんだということは覚えていることと思う。

みぞれが落ちたこともあり、これはみぞれと言うんだよと言ったら、初めて知ったと口々に言った。俳句を作っていればいろんな言葉も知るというい例だと思う。

○五年生（野外活動）の場合

五年生の先生から、こんど野外活動に行くので、そこで俳句を作らせたいので、指導に来てもらえないかという依頼を受けた。野外活動に行く前に俳句の心得をという意味であろう。早速行かせてもらい、前述の指導計画の通り、その一時間目を実施した。野外活動という行事なので、季語は気にせずに、行事に参加しながら、思いついたことを、5・7・5にしなさいと言っておいた。二時間目は、野外活動当日の俳句作りである。三時間目は、作った俳句を一覧表にし、全体で句会を開いた。みんなで選句をする。
　子ども達が感じた高点句から次に並べてみる。

秋の風森の空気をありがとう
ディスク投げ投げたはいいがどこ行った
迷っても班の力で大成功
早すぎた野外活動もう終わり
見えんかった星空観察むなしーのー
くらくても夜の星空光ってる
山道で迷ってさがしたスコア板
迷ってもスコア取ってブービー賞
夜空には雲の大軍星かくす

やはりこういった楽しい思い出も俳句を作って
おくことによって、二度楽しめる。

○六年生（修学旅行）の場合
　六年生が修学旅行に行くので、俳句・短歌の指導を頼まれた。六年生の場合は、教科書で俳句も短歌も出てくるので、指導の中に、短歌の例句も持っていった。次のような短歌である。

登るのは楽しそうだと思うけど
　足あと追っていくのはめんどう

日だまりに置けばたちまち
　音たてて花咲くような手紙がほしい

子どもって楽しいだけでいいじゃんか
　大人だったらそうはいかないけれど

「寒いね」と話しかければ「寒いね」と
　答える人がいるあたたかさ

たわむれに母を背負いてそのあまり
　軽きに泣いて三歩歩まず

これらの短歌を好きな理由とともに選ばせ、発表させる。この中には子どもが作った短歌もあり、新傾向の短歌もあり、俵万智や石川啄木の短歌もある。

二時間目は修学旅行である。あまり作ることを気にしていたら、修学旅行が楽しめないので、帰ってからつくってもいいということにした。

三時間目は発表である。俳句・短歌とも大きな紙に一覧表にしてもらった。そして選句をする。

これも子ども達から人気のあった俳句を次に紹介する。

九州の心にしみる秋の風
宿泊舎明日が楽しみ眠れない
窓の外夜景がきれい宿泊舎
タイタンの落ちる時には意識不明
海響館魚がとってもおいしそう
弁当の温もりうばう冬の風
おみやげは六年最後の想い出だ
金色に光る滝だぞ黄金柱
秋芳洞自然豊かな結晶だ
風が吹きごはん冷たく歯も凍る
百枚皿お料理全部のせたいな

短歌の場合も一覧表にし、全員に選ばせる。

これも人気のあったものから紹介する。

暗い夜子供のさわぎに手をやかす
　たんにん教師の怒りの説教

みわたすと自然の力であふれてる
　深い感動秋芳洞

友達にふとんをとられとり返し
　またまた取られ取りに起きたよ

博物館タイムトンネルくぐったら
　昔の人にもどった気分

秋芳洞真っ暗闇のその中で
　黄金光る柱見つけた

海響館骨格標本大きいな
　けれども肉はどこに消えたか

三千円以内にしろと言うけれど
　買って買ってと山焼きだんご

以上、私自身が実践した結果からここに紹介した。いろんな行事の前にこういう指導を行い、行事が終わった後、こういう句会なり歌の会を開くというのは、とてもいいことであると思う。見学した学習とともに、日本古来の短詩形文学に興味を持つようになれば一石二鳥の効果がある。

十三　わたしたちが選んだ詩集『もうひとつの目』

坪　井　千代子（当時・南観音小学校）
発表の場・研究同人二七会
実践年・昭和五十一年（当時・四十一歳）

一　はじめに

小学校の現場に出て二十年もたった昭和五十（一九七五）年に出会った、この「詩の鑑賞指導」を通して、私はあらためて一から基礎勉強を始めなければという気持ちになった。在職期間三十四年、その間、高学年の受け持ちは四回、三回目となる広島市立南観音小学校での実践である。

この詩教材は、鑑賞に重点があり、創作までは要求していないと解釈し、「詩に親しませること」を主目標に、「アンソロジー作成」を学習活動の中心において帯単元として取り組んだ。

一つには、昭和四十七（一九七二）年六月から始まった「芦田恵之助先生研究同好会」で取り上げられた『綴方十二ヶ月』（芦田恵之助著〈復刻版〉文化評論社　昭和四六年）の中で、「文集め」（作文の収集）の作業を、子ども達が自発的に行っているのがヒントになった。第二回「新年五題　付おもちや」（テキスト46Ｐ　同年八月二九日扱い）のところで、この試みに対し、里川先生（作中の中心人物）は次のように述べている。

「自分のよいと思ふ文を選り出して写したり、なほしたりすると、よい文の書振が自然にわかる。十二ヶ月に約五十篇を写すことになるが、そのことだけでも、文は必ず進む。」

右のお言葉の「文」を「詩」におきかえて児童に取り組ませることにした。

二　実践のあらまし

1　教材について
「石ころ」　学校図書（昭和四九年版）六年
下巻序詩　作者　まど　みちお

石ころ

石ころ　けったら
ころころ　ころげて
ちょこんと　止まって
ぼくを　見た
――もっと　けってと　いうように

も一度　けったら
ころころ　ころげて
それから　ぽかんと
空を　見た
――雲が　行くよと　いうように

そうかい　石ころ
きみも　むかしは
天まで　とどいた
岩山だったか
――雲を　ぼうしに　かぶってね

石ころ　だまって
やっぱり　ぽかんと
あかるい　あかるい
空を　見てる
――星が　見えると　いうように

この詩について原作者　まど　みちおさんは、次のように述べている。（指導書　169ペ）

「この詩で私が試みようとしましたのは、私たちの周囲のなんでもないようなちいさな「物」達の中にも、宇宙と自然の大きな生命が息づいていることのふしぎさ。そのふしぎさを造型することでした。（中略）この詩を読む子ども達には、自分もまたその構成の一因子であるところの宇宙と自然のはかり知れない大きさのようなものを感じてもらえるならば、それで十分だと思います。

技術的に見ますと、第一連で石ころを蹴っていますのは、こうして「こどもたちの生活」から出発することによって、作品が観念的になるのを防いでいるように見えます。

また、各連ともに、おしまいの五行目で立ちどまってちょっと考えるというふうな形になっていますのは、自然にそうなったのですが、微小の石ころから、雲、岩山、星、と段階的に進んでいって宇宙の広大さに達するにあたって、その進みかたに緊密性・必然性を保たせる役を果たしているように思います。

エピソードというほどのものはありませんが、この作品を発表したころ、座談会などでも、「石ころ」とか、そんなとるに足らないような物をもっと歌にすべきだと主張した覚えがあります。（後略）」

アンソロジー『もう一つの目』の前書きに、私が当時の取り組みのきっかけを書いているので、以下に示す。

六年生の二学期は、次の詩の勉強から始まりました。（「石ころ」の本文省略）

この詩の朗読が大変楽しかったので、つづけてみんなが一つずつ詩を選んできて朗読の発表をしましたね。

ある人は、朝の会で、ある人は終わりの会で、またある人は国語の時間に。一ノ瀬さんがすんだ時、もう三月の卒業前になっていました。それらを集めて『もう一つの目』という詩集にしました。

2　指導の実際

①　対象児童　広島市立南観音小学校　六年五

組　四十一名

②　指導目標

○この詩をくり返し読むことによってリズムのよさを感じとらせる。

○作者の着眼点を読みとり、自分の身のまわりのものに目を向けさせる。

○好きな詩に出会うきっかけとさせる。

（学級文庫・学校図書館への誘い）

③　指導時期　昭和五十（一九七五）年九月から五十一年三月まで（指導者四十一歳）

④　指導計画（三時間）

「石ころ」の鑑賞

「詩集（アンソロジー）」作成の話し合い

モデル（指導者の選んだ詩）の提示

発表の準備

○各自選んだ詩を原稿用紙に写して提出。

○写しまちがいのチェックを受ける。

○音読練習（以上個人学習）

発表

○小黒板に板書して前面に提示。

○発表者は、掲載してあった本をもって朗読。

発表後清書した原稿用紙を決められたコーナーに掲示。（教室背面黒板）

○その後は、自分の個人文集に保管。

○文集作り（教師のワーク）

⑤　作品例〈その1〉

山

遠くの山を見ながら歩いていくと
山は
ぼくの歩く早さで逃げていく

雨あがりの日に
その山が
とっても近くに来ていた

えのゆずる作『少年詩集　セミのたんじょう』（大日本図書　昭和四八年）より

K（男児）選

感想

ぼくも山に行って、こういうふうな体験にあったことがあるから、この詩を選んだ。

作品例〈その2〉

もう一つの目

はたらきとおして
こんなに小さくなった　せっけんが
あたしの目には　どうしても
せっけんの
おばあさんのようには　見えない

せっけんの
あかちゃんのように見えて
かわいい

ばかな目だなあ
と思うけれど

そう思うことが　できるのは
もうひとつの　すばらしい目が
見はっていて　くれるからだ

いつも
あたしたち　にんげんの
心のまん中に　いて

まど　みちお作『まめつぶうた』（理論社
昭和四八年）より
M（男児）選

感想

作者のもうひとつの目に対する想像がよくわかると思います。

作品例〈その3〉

貫く光

はじめに　ひかり
がありました
ひかりは哀《かな》しかったのです

ひかりは
ありと　あらゆるものを
つらぬいて　ながれました
あらゆるものに　息を　あたえました
にんげんのこころも
ひかりのなかに　うまれました
いつまでも　いつまでも
かなしかれと　祝福《いわわ》れながら

八木重吉作『定本八木重吉詩集』（弥生書房
昭和三七年）より
N（女児）選

感想

作者は、光を通して、世の苦しみをうるおしたかったんだと思います。また、作者も人間の心に生きる喜びを得たのだと思います。

⑥　『もうひとつの目』に選ばれた作品の傾向について（資料参照）

四十一人が選んだ四十一の作品の内訳をみると当時の問題点が浮かびあがる。

○教材文の影響からか、空・雲・山といった大自然を歌った詩が多い。

○身近なものに対するまど　みちおさんの発想のおもしろさへの共感が多い。

○平明な分かりやすい詩が多い。

○その作者の傑作が選ばれるということにはならなかった。

○大人が子どものために書いた詩、子どもになりかわって書いた詩、子どものためと限らず書かれた詩がほとんどで、子ども自身が書いた作品は「文集ひろしま」・「作文通信」など教室に整備していたが、少なかった。

○労働や、苦労した生活を取り上げたものが少なかった。

○平素の読書傾向からして、その子なりに、精一杯広範囲に視野を広げて探す努力をした様子が見受けられた。

○一方、あまり本気で取り組んだとは思えないようなのもあった。この学習計画が教師主導型で出発したことに起因すると思われる。

○手引きがあったり、解説があったりすると、それによりかかろうとしたものもあった。

三　実践報告に対するご助言

この報告は、二七会（野地潤家先生にご指導いただく昭和三十一年から続く研究会）の夏季合宿研で行ったものである。たまたま、この会は群馬県榛名吾妻荘で開催され、東京から近いこともあって、大村はま先生が参加なさり、私にも、厳しく温かいご助言をくださった。以下に示す。

①作業学習の精選

出発はよくても、長期にわたるとだれてくることがある。

精選しないと、見当ちがいのこともやりかねない。テーマで選ぶというのも一つの方法。しかし、拡散しがち、瓦も金もごちゃまぜになる。

選ぶ視点が大事である。

②学習環境

学級文庫に何をおくかが大切になってくる。教科書を分析して落ちている作家の作品を補充するように努めること。

③文集の編集

子どもに編集させると、よくなる。目次つくりなどもさせると、落としたいものをこちらが言わなくても落としている。

四　おわりに

このような助言をいただき、私は大いに恥じた。しかし勉強は一人でなかなかはできない。ちょうど、榎野譲先生の提唱で昭和五十二（一九七七）年九月二十一日に「少年詩の会」が基町小学校で発足した。まずは自らが書くことを通して「詩」の勉強を始めたいと参集した。仲間の諸先生に助けていただきながら、ささやかな努力を続けた。

わたしたちが選んだ詩集『もうひとつの目』

番号	月日	題名	作者	出典	本の場所
一	9・21	お母さんの背中で	はら　みちお	はら　みちお詩画集	学級文庫
二	9・22	カンナ	えの　ゆずる	セミの　たんじょう	学級文庫
三	9・22	日めくりカレンダー	サトウ　ハチロー	心のうた	学級文庫
四	9・22	コクリコ	サトウ　ハチロー	サトウ　ハチロー抒情詩集　花を唄う	学級文庫

五	9・22	母　ママ　お母さん	サトウ　ハチロー	詩集　おかあさん　I	学級文庫
六	9・22	山	えの　ゆずる	セミのたんじょう	学級文庫
七	9・22	ママ　おこらないで	山口和子	フジテレビ　ひらけ！ポンキッキ編 おかあさんの詩《うた》	学級文庫
八	9・30	夕方の橋のうえ	ヘルマン＝ヘッセ 植村敏夫訳	ヘッセ詩集——青春と愛のうた——	家庭文庫
九	10・5	鏡というものは	サトウ　ハチロー	心のうた	学級文庫
一〇	10・5	セミのたんじょう	えの　ゆずる	セミのたんじょう	学級文庫
一一	10・5	そこに春が	えの　ゆずる	セミのたんじょう	学級文庫
一二	10・5	小さな一歩	えの　ゆずる	セミのたんじょう	学級文庫
一三	10・5	炬燵《こたつ》が家にある	サトウ　ハチロー	心のうた	学級文庫
一四	0・5	砂山	北原白秋	藤田圭雄編「白秋童謡集」	家庭文庫
一五	9・21	森の見える風景	板橋瑞恵	風とひなげし	学級文庫
一六	10・2	かず	まど　みちお	まめつぶうた	学級文庫

一七	11・13	なかんとってな	高峰三枝子編「母にささげる唄」		学級文庫
一八	11・13	プンの唄	サトウ　ハチロー	心の唄	学級文庫
一九	11・13	雨ニモマケズ	宮沢賢治	5千題　国語　おぼえておきたい有名な詩	学級文庫
二〇	11・13	消えてゆくもの	北原敏直	星への手紙	学級文庫
二一	12・9	かあさんのためいき	サトウ　ハチロー	心の唄	学級文庫
二二	12・9	夕方	小林高一	「作文通信」日本作文の会　六年生の詩	学級文庫
二三	12・9	貫ぬく光	八木重吉	八木重吉詩集	学級文庫
二四	12・9	夜空	北原敏直	星への手紙	学級文庫
二五	12・9	スイス調の歌	ゲーテ	高橋健二訳　ゲーテ詩集	学級文庫
二六	12・9	青空と笑顔と草木	北原敏直	星への手紙	学級文庫
二七	12・9	ガスの炎《ほのお》は	サトウ　ハチロー	心の唄	学級文庫
二八	12・9	――ケムシ	まど　みちお	まめつぶうた	学級文庫

二九	1・31	古い古いランプです	サトウ　ハチロー	心の唄	学級文庫
三〇	11・13	もうひとつの目	まど　みちお	まめつぶうた	学級文庫
三一	2・5	雲	草野心平	学研「六年生の学習」	学級文庫
三二	2・5	けしゴム	まど　みちお	まめつぶうた	学級文庫
三三	2・12	かわいいスイートピー	サトウ　ハチロー	花を唄う	学級文庫
三四	2・12	いちばんぼし	まど　みちお	まめつぶうた	学級文庫
三五	2・17	三色菫《パンジイ》は猫ににている	サトウ　ハチロー	抒情詩集　心のうた	学級文庫
三六	2・18	一つの雲	北原敏直	星への手紙　石田皎選	学級文庫
三七	2・22	もういちど「きぬこ」って呼んで	斎藤きぬこ	高峰三枝子編 母にささげる詩　第1集	母親文庫
三八	2・22	リンゴ	まど　みちお	まめつぶうた	学級文庫
三九	3・1	およぐひと	萩原朔太郎	萩原朔太郎詩集	家庭文庫
四二	3・1	ガスの炎《ほのお》は	山之口　貘	山之口　貘詩集	学級文庫
四一	3・8	大阿蘇	八木重吉他　著	堀尾青史編「詩集」こころのうた	図書館

十四　私の国語科指導の歩み

平山　威

一　はじめに

1　充電期（昭33～42年）

垣内松三や芦田恵之助、西尾実、輿水実、倉沢栄吉、小川利夫、沖山光、井上敏夫先生などの著書を読みあさった。

2　実践に励んだ時期（昭43～49年）

新しく「読書単元」が創設され、読解と読書指導の関連が重視される。従来の読解指導を見直し、「一読総合法」や「たどり読み」などが提唱される。新設の府中中央小へ転勤し、末田克美校長の文学教材のご指導を受けた。

四十七年、県教委の研究指定（国語）を受け、研究主題「国語科における読書指導はどのようにしたらよいか――読書単元を中心に――」で、四十八年二月十六日に全担任が授業公開をした。

3　校内研修と県小国研（49～58）

①　船越小（49～56）、吉井敏明校長のご指導で、五十年、「豊かな人間性を育てる読みの指導（文学教材）――イメージを広げる読みの手だて」、五十一年、「豊かな人間性を育てる読みの指導――説明的文章を正しく読み取る効果的指導法」、五十四年、市教委の研究指定を受け、「文章による表現力を高める指導――基礎的事項を中心に――」の研究主題で四十学級の担任全員が研究授業をした。

②　原小（57・58）で、土屋隆夫校長のご指導を受けた。五十七・五十八年には市教委の国語研究指定校を受け、「ひとりひとりを生かし意欲と実践力のある子どもに育てる――文章による表現力を高め、生活を見つめる力を深める――」の主題をかかげ、学校をあげて研修をした。

船越小・原小勤務時代は、校内研修推進と県小国研事務局（全国大会）などで、多忙を極めた。

二　継続して指導したこと

1　漢字辞典を引く

新単元に入る前には児童は、漢字辞典を引き、「音・訓」「意味」「既習の漢字を使った熟語」を調べてくるようにする。新しく担任になると、四月中は、ノート記入の仕方と漢字辞典を引く練習に時間を多くとる。

（原小四年のノート例、部分）

> 六　段落に気を付けて　せつ明文
> カブトガニ
> 新出漢字
> 帯　タイ、おび　巾⑦　帯分数
> 説　セツ・ゼイ、と（く）　言⑦　小説
> 億　オク、―　亻⑬　十億

2　漢字テスト

毎週月曜日の一時間目に実施した。文の形の問題を口頭でゆっくり一回ほど読むのを聞き書く。板書を参考に、自分で採点。その後、教師が点検。合格は7点、合格毎に8・9・10点と上げていき、不合格毎に6・5・4…点と下げていく。7点以下は次週の漢字テストまで、単元内の漢字を五十字以上練習し、翌朝提出。忘れると放課後、二倍以上を書く。

三問程度、同じ漢字を出題していると、次第に出題傾向を予測し、大半が7点以上を取るようになる。

（原小四年の例　太字が得点対象の漢字、部分）

> 1　瀬戸内海**一帯**や九州の北海岸で見られる。
> 2　カブトガニは**天然記念物**に指定されている。
> 3　カブトガニは**気候**にもえいきょうを受けなくてすんだ。

3　視　写

教科書の文章を原稿用紙一枚程度に視写させ、一斉に最上段の文字を確認させ、原稿用紙の表記の仕方を練習させる。

また、年間五回の中学校方式のテスト週間を設け、一日に二・三時間程度のテストをその期間に行う。十日前に範囲を予告し、当日までにその範囲を全文視写させる。

児童の抵抗や保護者の苦情などもあったが、高得点が取れるようになると、おさまる。

かなりの量を物理的に視写することにより、「書くこと」への抵抗は弱まり、内容（主題）さえ決まれば、三、四枚の原稿用紙へ書くことを苦にしない児童が多くなってくる。

原小学校では全校で視写に取り組み二年生が「朝起きて――歯を磨く――顔を洗う」式ではあるが、原稿用紙三枚の作文を書くほど効果があった。

4　作文の事後処理

書き終わると、いつも掲示板に、ねらいに合った作品例を展示し、表現の仕方を目に見えるように配慮する。

原稿用紙一枚程度の練習作文も含め、その都度、課題ごとにファイルにとじこみ、常時教室の後ろへ置く。一年間の作品は二十数点にもなる。

原則として二年後には、ファイルの作文五十点前後を個人別に整理して製本屋へ依頼し、個人文集にする。校長・教頭先生の前書き、私の卒業祝いなども付け加える。

児童にとっては、初めて自筆の作品が一冊の本になり非常に喜んだ。

「漢字辞書引き」や「漢字テスト」、「視写」などは、言語事項に係る基礎的な技能を定着させるために担任の学年が変わっても継続して行なった。

三　船越小学校での実践例

○研究主題　文章による表現力を高める

——基礎的事項を中心に——

○授業日　昭和五十四年七月五日　五校時

(1)　題　材

六年「消しゴム調べ」「研究発表の作文を書く」

(2)　題材について

研究発表の作文が明確な意図で提示されるのは、四年下「文章の研究」、五年上「でんぷんの研究」に続くものである。今までの学習内容を受け、小学校最後の同系列の単元として、必要な技能の定着を図ろうとするものである。

本学級の児童は、研究発表の作文を書くための技能は不十分な者が多い。しかし、ほとんどの児童は取材・構想段階で個人指導をすれば、「書く」こと自体は苦にしない。そこで、動機、研究の仕方、まとめ方と三つの部分に分けて、練習作文の形で指導していくことにする。

(3)　単元の目標

研究したことをわかりやすく整理して書く力をつけ、科学的な態度や論理的な思考力をつける。

1　文章全体の組み立てを工夫して書けるようにする。

2　研究発表ができるように、要点を落とさず書けるようにする。

3　図や表などを添え、分かりやすい書き方をする。

(4)　指導計画（8時間扱い）

第一次「消しゴム調べ」「研究発表の作文を書く」を読み取らせる。　…2時間

第二時　練習作文を書く。　…5 〃

・研究の動機を書かせる。　本時…（1）

・構成を考えさせる。　…（1）

・下書きをし、推敲させる。　…（3）

・発表し、批評させる。　　　　　　　　　…（1）
（・第三次練習したことを生かして、夏休み中に研究発表の作文を書かせる）

(5)　授業展開

学習活動	指導上の留意点
1．学習目標を知る	
2．研究課題を決める	2．
○自分でできる課題を	○身近な生活の中から
○友の課題を聞く	○研究の方法・手順などを個人指導
○教師の助言を受ける	
3．研究の動機の部分だけを書く	3．
○教科書の例文を参考に	○動機が読み手に伝わるように
○発表し友の意見を聞く	○きっかけは
○推敲する	
4．次時の予告	

(6)　授業記録抄

T　研究発表の作文を書くことにする。考えてきたことを発表してください。

C　チョークに色をつける原料やその作り方を調べたい。

C　建築に使われる大理石や岩石の表面を調べてみたい。

C　糊がどうして作られるか、またその原料を調べたい。

C　プランクトンの動きやえさの食べ方を書きたい。

T　書くことを決めた人は、動機の部分だけを教科書の例文を参考に、ノートに下書きしなさい。まだ書くことがはっきりしない人は、相談にきなさい。

（机間巡視をして個別指導、下書きをする）

T　動機の部分が下書きできた人は、前に出て黒板に書いてください。

○　児童の板書例

ある日、学研の本を見ていると、プランクトンの卵が入った袋があった。それを見て育てたくなった。すると、プランクトンの動きになどに興味を持った。餌の食べ方や動きをよく観察して書くことにする。

○　研究発表の作品例

蒸気機関車　　K男

ある朝、新聞を見ていると、蒸気機関車の写真がのっていた。山口県で走っているものである。日本ではそこだけだそうだ。

イギリスで考えられたことは知っていたが、もっとくわしく、図書館の「現代百科大辞」で調べることにした。

蒸気機関車は、一六八〇年、イギリスのニュートンが考えだした。彼は陸上輸送に蒸気を利用し、その反動で進む簡単なものを作った。八十九年後の一七六九年、フランスのキュニョが大砲を運ぶ荷車に蒸気を利用した。時速三、六kmであったが、試運転に失敗したそうである。

一七七四年、ワットが回転装置に歯車を使って線路上を走る機関車を発明したが、実用化されなかった。

それから三十年後、イギリスのトレビシックが道路上を走る蒸気車の不利なことを知り、当時の馬車鉄道にヒントをえて一八〇四年に、軌道上を走る最初の蒸気機関車を完成させた。乗客七十人を乗せて、時速九kmで走った。

それから、次々に改良されていき、一八三〇年に、イギリスのリバプール→マンチェスター間の開通のために、スチーブンソン親子が、最大時速の四十六kmのテンダ機関車を完成した。

日本で初めて走ったのは、社会科でも学習したが、明治五（一八七二）年である。　（以下略）

(7)　反省と考察

研究発表の内容を文章資料から調べるという児

童が多数であった。それらから必要な事柄を抜き出しまとめるのは難しいが、あえて挑戦した。

動機の部分は、教科書の例文を参考には簡単に書ける。しかし、中心になる部分をまとめる段階になると、予想した通り多数の児童の鉛筆は滞りだした。

身近な生活から課題を見つける段階で、書きたい内容をもっと細かく指導しなかったからであろう。

作品例の「蒸気機関車」を書いたK男は、文章資料から必要な内容を抜き出しまとめることのできる能力を持つ数少ない児童の一人である。ぎごちない点はあるが、どうにか体裁を保った作品に仕上げた。

神田和正先生のご指導・助言をいただいた。

四　原小学校での実践例

○研究主題　ひとりひとりを生かし意欲と実践力のある子どもを育てる。

——文章による表現力を高め

生活を見つめる力を深める——

○授業日　昭和六十年十一月

(1)　題　材　五年　表現の工夫

(一)「たん生日」　(二)「表現に役立てる」

(2)　題材について

「たん生日」「表現に役立てる」を読み、行動や会話などを書くことにより、気持ちの表現ができることを理解させるように構成された単元である。

描写の力をつけるためには、取材段階から周囲の様子——遠近・前後・左右など——を鋭く観察する目を取りたてて指導する必要がある。そのためには書き手一人でなく、自分を含む周囲の多くの人々の行動や会話（遠近、前後、左右）、様子（遠・中・近景、上下）を具体的に指導する必要がある。

そこで「描写」の練習作文を書かせることにした。

(3)　単元の目標

「うれしい」「楽しい」「悲しい」「苦しい」「悔しい」などの言葉を使わないで、周囲の様子をよく観察し、行動や会話などで気持ちを描写する。

(4)　指導計画

第一次

「たん生日」の文章を視写し、気付いたことをメモし、学習計画を立てる。　…2時

第二次

「たん生日」の気持ちの表し方を理解する。　…2〃

第三次　作文を書く。　…4〃

- 気持ちの表し方を練習する。本時（1）
- 作文を書き批正・推敲する。（3）

第四次　学習のまとめをする。　…1〃

(5)　授業展開

学　習　活　動	指導上の留意点
1　学習目標を知る 2　生活の中から、「うれしい」「楽しい」「悲しい」などを思い出す 3　友の話も参考に、どんな気持ちに視点を当てるかを決める 4　原稿用紙1枚に、行動や会話で様子を描写し練習作文を書く 5　発表し、ねらいを達成したか話し合う 6　自己評価させる	2　自分を含む周囲の人々の行動や会話（遠近、前後、左右）などの様子を観察して 3　書きたい気持ちをはっきりさせる 5　参考になる表現をメモさせる 6　ねらいを達成した作品を掲示する

○練習作文例1

「テスト勉強」（苦しい）　　　　　　　　　　O男

テスト週間になった。ぼくはあわてた。全然やっていない。こうかいした。でももうおそい。急いで勉強に取りかかった。しばらくすると、えんぴつの音と息づかいだけしか聞こえなくなった。すると、時計の音と時間が気になりだした。一ページ書いては、時計を見ていたらきりがない。時計を止めてやった。

少したって、今度は焼いも屋がやってきた。「焼きいもはいらんかねぇ」という声が耳に痛く感じられる。

「焼いも屋は、のん気でいいなぁ」

うるさい焼いも屋がにくたらしくなった。しばらくすると、焼いも屋は行ってしまった。（略）

※　鉛筆・息づかい・時計（近）→焼芋屋（遠）と、周囲の「音」を細かく観察して、「苦しい気持ち」を表現している。

○練習作文例2

「合唱祭」（恥ずかしい）　　　　　　　　　　A子

前そう曲が始まると、聞いている人たちが急にしんとして、私達の方へ注目した。それを見ただけで、また、体が熱くなった。私の顔だけが赤くなっているのかと思って、チラッと横目で見たら、右隣の人も赤くなっていた。

みんなの声も小さいけれど、私の声はぜんぜん聞こえない。自分では、大きな声で歌っているつもりなのだが。ピアノが一番よく聞こえて、次に私以外の声。自分には聞こえていないが、他の人には聞こえているのかもしれない。隣の人と話しているのがポツポツと見えた。（略）

※　自分の声と顔・友の声と顔（近）→ピアノの音・観客（遠）の様子を細かく観察し、「恥ずかしい気持ち」をうまく表現している。（略）

(6)　反省と考察

研究授業は大失敗であった。授業終了後に、子ども達が口々に言う。

「先生の言われることは分かるのだ、どうすればよいのかとまどった」

「先生の問いに答えようと思うが、どう言えばよいか分からなかった」

発問が抽象的だったことと、日ごろの冗談交じりの授業の進め方と違い真面目に進めたことに原因がありそうである。児童は教師の微妙な変化に反応することを再認識する。

再度、具体的に例をあげて学習をしたあと、「嬉しい」「楽しい」「悲しい」「苦しい」などのグループを作らせて話し合いをさせると、練習作文例のような作品を多くの児童が書いた。

細井迪先生のご指導・助言をいただいた。

五　おわりに

学級担任を外れ二十余年、屋根裏の倉庫へほうり込んでおいたプリントや冊子類を探す。取り出してはみたが、古いプリントは痛みがひどい。この機会に倉庫の整理をと、プリントや冊子類をほとんど引っ張り出す。

いずれの記録も学校をあげての研修で、広く浅く基礎・基本に置いた現職教育の色合いの濃いものである。

活字印刷の船越小「研究紀要」数冊とタイプ打の第十四回中国大会提案の原稿、原小の市教委研究指定の報告書がみつかる。いずれも作文教育に取り組んだ記録である。それらの研修記録を編集した頃を懐かしみながら頁をめくり、当時のことを思い出し、乏しい記憶を総動員して拙文をどうにかまとめた。

「太河の会」の出版企画のお陰で、よき時代のことを思い出させてもらい、おまけに屋根裏の倉庫整理もでき、感謝・感謝である。

十五　私のひとりごと

棟　本　満喜恵

はじめに

〔自然からの贈りもの……感動ってすばらしい……〕

子ども達の小さな発見や感動を大切にしながら特に「書くこと」を中心に取り組を進めて三十八年間が過ぎました。その間、常に「子ども達の感動する心を育みたい」それを「ことばで表現させたい」この一念でした。

幸運にも、当時学校全体の研究テーマが「書くこと」に設定され、青木幹勇氏の「第三の書く」を元に取り組をしていたため、子ども達にとっても評価をしてもらえるチャンスが多く大変励みになりました。

国語科の授業そのものではなく、それを支える日々の取り組みの一端で非常にささやかなものでおはずかしいのですが、前記のことに的を絞ってそのあしあとを記してみたいと思います。

1　感性を磨く

（1）指導者としての自分の感性を磨きつつ、子どもの感性を磨く

すばらしい自然に囲まれたこの地で（当時、黄金山小学校勤務）ぜひ豊かな感性を育んでいきたい。また、日々の生活体験を豊かにすることによって、子ども達のものを見る目や感じる心を養っていきたい。そのためには、まず担任である私自身が心豊かであり自然に対しても敏感でなければならない。そこで、自然の何気ないちょっとした変化にも心をとめ、そのことをすかさず子ども達に伝えるように努めてきた。

たとえば「朝起きてすぐ、春を告げる鶯の鳴き声を聞いたんだよ。みんなの中にも聞いた人いる?」とか、「今朝学校へ来る前に飛行機雲を見たの。じっと見ていたら何だか飛行機雲に乗ってどこかへ行っている気分になったんだよ。今朝、飛行機雲を見た人」などと毎朝投げかけるようにしていた。

どの学年を担任しても、一番にスタートさせるのが日々の日記である。その中には詩的な表現もあり、毎日私をわくわくさせ、子ども達の心に感動させられる日々であった。

そこで、短い表現活動で毎日学級全員の思いに触れることができる「詩」を生活ノートへ書かせることにした。「ああ、早く夜が明ければいいのに……このことを一刻も早く子ども達に伝えたい。」これを聞いた子ども達の顔が見たくてわくわくする私であった。

ある秋の夕方、それはすばらしい夕焼けの空、刻々と変化していくその素敵な色のグラデーションに出会い、しばらく釘付けになっていた私は「ああ、○○君はこの夕焼けを見ているかしら……」そう思うといても立ってもおられなくなり、大急ぎでその子に電話を入れた。実は五年生でその時、「物語の絵」に取り組んでおり○○君は夕焼け空の表現にひどく悩んでいたのだ。

次の日、「先生、おかげで何とか自分の納得した空が浮かんできました。」とうれしそうに話してくれたことが昨日のことのように浮かんできて懐かしい。

(2) 生命のすばらしさに気づかせる

二年生の理科学習で、ひまわりの植え替えをしているときのこと、ミミズが出てきたのを見て、気持ち悪いと逃げる子・いきなり踏んづける子・「かわそう、やめんちゃい。」と叫ぶ子、私は踏んづけられたミミズを手の平にのせて、どんな小さな生き物にもみんなと同じ命がある。それはたった一つしかないかけがえのない大切な命であることを話した。

　次の日、踏みつけた子がごめんね。という気持ちを込めてそのことを詩に書いてきた。早速、一枚文集に載せたり詩のコーナーへ掲示したりして、命の尊さについての生きた教材となった。

2　一枚文集の発行

(1) 詩作と絵で表現

　どの学年を担任しても、毎日一枚文集を発行することにしている。このことは、子ども達の言語意識を育むだけでなく大きな贈り物をしてくれることにつながった。それは、温かい学級の雰囲気づくりである。現在、いじめ問題が大きく取りざたされるが、そんなことは自然と心配しなくてよいほど、不思議なくらい子ども同士がお互いのよさを認め合い仲間意識が芽生えてくるのだ。

　共通体験をしたくても時間的に学校では無理なこと、でも、ぜひみんなが見て、その感想を詩に書いて知らせてほしいという場合は、帰宅してからの課題として、下校前にそのことを確認しておくようにした。

　次の日の日記を読むのが楽しみで、胸躍らせながら寸暇を惜しんで読みあさったものだ。

　いつものように、一枚文集に載せたい作品に赤ペンで☆印を付け、一枚文集掲載一覧表に題名を書き込み始めると、子ども達は、「今日はだれの詩が載るんだろう……」としきりにアイコンタクトを送ってくるのだ。これは、低学年でも高学年でも同じである。

　赤の☆印が付いた子は、早速原稿用紙に書き写し、自慢のカットを（筆ペンや割りばしペン等で）入れて、ファックス原紙に貼り付ける、一枚の原紙に四名の詩を貼り付け、私の寸評が入ると完成。

私は大急ぎで印刷して、その日の終わりの会には配り、その四名が読んでみんなからの感想をもらう。その後、全員が各自のファイルに綴じて家に持ち帰り家族にも読んでもらう。そのうち、家族からも自然発生的に感想が寄せられるようになり、許可をいただいたものは一枚文集に掲載して、コミュニケーションを図るように努めた。

子ども達は俄然張り切って詩を書き、保護者のみなさんも「学級のことが手に取るようにわかって楽しい。」とか、忙しくて参観日になかなか来られない方も、「毎日一枚文集を読んでいると、学校へ行かれなくても日々どんなことが行われており、今我が子が学級の中でどのような過ごし方をしているのか、友達との関係はどうなのか、学級の中はどんな状態なのか等、手に取るようにわかって非常にありがたい。」と喜んでいただけることは、私もこの上ない喜びにつながった。

取材は幅広く学校生活・家庭生活・登下校時などすべての生活の中から行われるため、担任もうかうかできない。どこでだれが取材しているか分からないし、何をどのように書かれるか分からない。ちょっとした注意なども、適切な言葉で温かく心の通ったものであるかどうかなど、高学年は非常に鋭い感覚をもってみている。平素私が言っていることと矛盾してことがあると、すかさず追及される。

このことは、家庭においても言えるようで、「おっと、また○○君に書かれるからちゃんとしなきゃね。」とか「時にはこんなお父さんのことも書いてほしいな。」などと、今まで無口だったお父さんも、子どもといい関係でコミュニケーションが取れ出したと、あるお母さんが喜んで生活ノートへ書いてくださった。

心を表現するということで、「書くこと」と「描くこと」をタイアップさせて取り組んでいたので、詩のカットも筆ペンや割り箸・サインペンなどで心を込めて思いを丁寧に表現するといったものであった。六年生にもなると、まばゆいばかりに表現する。（運よく一、二年生で担任した子ども達と五、六年生で再び出会った。組替えはあったものの半数は元担任していた子ども達）

（2）「イメージトレーニング」

二年生担任の頃、自分の思いをことばで上手く表現できない子どもの心を、どのような方法で開いていくかいろいろ考えた末、H君が発見した線描（レントゲン方式の絵）により、イメージトレーニングを、毎朝、職員朝会をしている時間にすることにした。

それは、下記のような要領で行っていた。

① 前日終わりの会に　明日のテーマを決めて黒板の端に書いておく。（たとえば、「この世の中にいないほどすてきなちょう」）

② そのテーマに沿って、明朝自分の思いを表現するのにふさわしい用紙を選ぶ。（常に形や大きさ・色の違う紙を用意していた。）

③ 自分の気に入ったペンで、心を込めて思いを描いていく。

④ 描いた者から、模造紙に貼りつけていく。

こうしてできた詩や絵は、一枚文集のみでなく、国語教室環境の一環として、その日のうちに「イメージトレーニングコーナー」へ掲示する。そして、みんなで見合ったり、一口感想なども自由に書いたりして示すようにしていた。

3　目的に応じることばの力

（1）生活に役立つことば

生活に役立つことばの力は、目的に応じて話し、聞き、書き、読む力である。つまり、生きる力としてのことばの力である。そういうときのことばの力こそが、現代社会に生きる社会人に求められる力であり、実際に役立つことばの力であると考える。

よく「阿吽の呼吸で、ことばを交わさなくても通じる」と言われることもあるが、そんなことは、よほどのときと場合に限られたものでしかないと思う。やはり語らなければ相手の気持ちなど正確にはわからない。

六年生になってからは、目的に応じた言葉で話し、聞き、書き、読むということに視点をおいた取り組みに力を入れていた。

(2)「ミニ美術館」発表会

六年生では、学級会活動の中で、教室・廊下をすべて使い、さらにベニヤ板三枚をちょうずがいで組み合わせて掲示用のついたてを二個作り(子どもの発想で、業務の先生に手伝ってもらって作製)、階段(ちょうど割り当て当番の月間であったので)も使い、「ミニ美術館」として、詩・俳句・短歌などへのカット・有名画伯の描いた絵の模写・修学旅行の蒔絵等、今まで取り組んできたことの集大成的な発表会を企画した。

五年生のとき、伝統工芸展の見学時に親しくなった浜口内科の院長様(外国で個展を開かれるほどの人)にゲストティーチャーをお願いして、名画等をもとに指導をしていただいた院長ご夫妻や、絵を通して、また、道徳の学習など様々な交流でお世話になった「たちあおいの花咲かじいさん」として有名な九十歳を過ぎた丸畑のおじいちゃん(現在は百八歳)、地域の方、保護者のみなさんなどを招くことになった。それらも子ども達の希望や願いによって決められた。

企画・運営もすべて子ども達の手で行い、確認の電話連絡・招待案内状作成、発送・プログラム・礼状・等、目的意識を明確にして、場に応じたことばで話したり、聞いたり、書いたりする生きた学習となった。

六年間の学びをフルに発揮しての感動的な発表会となり、豊かな心とともに、自主的実践的な行動力をも発揮してくれたことに涙したことを昨日のように思い出す。

思い起こせば、昭和末期のころより国語科をベースに盛んに横断的・総合的な学習のような取り組みをしていたように思う。理科・社会科・図工科・音楽科なども国語科と深く関わって学習をしていた。

小学校の国語科というのは、その延長上で、広く他教科とも相互に密接に関連し合いながら、学びを深めていくものだと思っている。

4　国語科の授業

(1) 詩作

国語科の授業の中では、まず視写から始まり、書き込みの他に書き足しや、書きまとめ等を取り入れながら「書くこと」をベースにしながら進めてきた。さらに、こうした学習を支え、また生活の中に生かす取り組みとして「詩」を書き、毎日一枚文集を発行してきた。

詩は、題材ではなく「感動を書く」ものだと考える。そのため、まず共通の感動場面を作り、一年生のころは、子どもが感動して発したことばを拾ってカードに書き、子どもの思いを聞いて、カードをあちこち移動させながら共同詩作をし、ことばで表現することの楽しさを味わわせた。

こうして出来上がった一つの詩は声を出してみんなで何回も読む・教室に掲示する・一枚文集に掲載する・気に入ったところへ赤○を入れる・ファイルする・家に持ち帰る・家族にも読んでもらう・次の日に学校へ持ってくる。

これらを継続することで、「書くこと」「読むこと」の喜びを感じる子どもが増えていったように思う。

(2)「見つけっ子タイム」

朝の会の中に、「見つけっ子タイム」を設けて話をさせるようにした。その中で、子ども達のものを見る目や感じる心はどんどん育っていった。子どもは本当にすばらしい感性を持っているものだと感心した。毎日欠かさず、はっとみんなを驚かすような見つけっ子には、「○○さんって、見つけっ子博士みたい！」と言いながらみんなで拍手をおくるようになった。こうなると子ども達との出会いが楽しみで、毎朝足早に教室に向かうのである。子ども達のがんばりを即評価し、形にして、足跡を残していくこういった継続をすることで、子ども達がどんどん意欲的になっていくことが、私をますます高揚させた。

こんなことを繰り返しているうちに、言語意識が芽生え、詩の面白さに興味関心が高まり、積極的に詩を書くようになってくる。それらを必ずみんなのものにしていくために、詩のコーナーに掲示して、みんなで読み合ったり気づきを述べ合ったりしながら、温かく育んでいくようにした。

時々、詩人の詩も掲示して、個人読みしたり群読して楽しんだり、多様な詩の世界に出会わせるように心がけてきた。そして、発見や表現につながるような教室経営にする努力をしてきた。

書きっぱなしではなく、「生きて働く国語の力」にしようと思えば、創作と鑑賞の両面から確かな力として育んでいかなければならない。鑑賞と創作は車の両輪のようなものだと思う。

中・高学年では、詩を作る基本型のようなもの（たとえば、①対象を捉える　②形態の描写　③行動描写　④対象の思いを探る　⑤自分の言動）を指導し詩作への手がかりをつかませることも取り入れた。

低学年と同じように、詩人の詩にも沢山出会わせ、多様な詩の世界や、言葉やリズムなど、詩のおもしろさにしっかり触れさせ、詩人のものの見方や考え方のおもしろさを味わわせるようにした。また、無用な説明を省き、擬声語や擬態語を効果的に使用することで、表現が生き生きとして一層おもしろさが出ることなどを、実感としてつかむことができるよう心がけた。

そして、教室をいろいろな発見や表現が自由にでき、お互いを認め合って楽しい学級になるよう努めてきた。初めのころは、書くことがないと言っていた子も、このようなことを続けているうちに、だんだんと「書くことが楽しみ」というように変わっていった。

5　言語感覚をみがくことば遊び・詩

ことばへの関心が言語意識を高める。言語感覚をみがくには、そのための教材や指導方法について多方面にわたって手立てを考えたり、きめ細かな工夫をしたりしなければならない。

今、国語科の目標に、国語を適切に表現し正確に理解する能力を育み、伝え合う力を高める。思考力や想像力及び言語感覚を養い国語に対する関心を深める。などがあげられている。

また、経験したことや想像したことなどから取材し、文章を書き、よいところを見つけて感想を伝え合う。といった目標も定められている。

こういったことは、国語科の授業の中ではもちろんのこと、授業以外の生活の中でも常に目標を考えながらすべての取り組みにおいて育んでいくことが大切であると思う。

「詩を書いたり読んだりするのが大好き」「国語が大好き」という子どもがいっぱいの教室にしたい。人間としての豊かさを身につけるためにこそ学ぶのだという思いを大切にしながら、「国語って、こんなに楽しい、すばらしい」と感じて、生活を豊かにしていく活力になることを念じながら、目立たないけれどこつこつと取り組んできた。

現在、社会の規範が大きく乱れ、青少年も手本にするものが少なくなっている。悲しい事件が起こるたびに、「心の教育」を求める声が大きくなるが、価値観の基準となるもの自体が多様化し、戸惑いを感じることが多すぎる。学校教育だけで、早急に変えていくことは大変難しい。

しかし、子どもが生きている瞬間をよりはっきり心に定着させ、より豊かに自分を成長させるものの見方や考え方・感じ方を育むことができる詩の創作活動を中心にすえて、書くことに力を入れる国語教育は、温かい学級経営とともに「心の教育」につながるものだと思っている。

全く個人的な考えであるが、国語教育・学級経営の中で、子ども達の心に迫っていくことができる一つの手段として、私は、「書くこと」を通して考え学ぶことが非常に大であると、自らの体験を通して強く感じている。

十六　あかあかと一本の道をとほりたり

――心に残る私の実践――

向　井　信　之

序章

太河の会第二集の「人この素晴らしき出会い」にも標題として、この斉藤茂吉師の秀歌を引用させてもらった。

この第三集にも、どうしても再掲させてもらいたいという思いを断ち難く、敢えて再度、標題として引用させてもらった。

「あかあかと一本の道とほりたりたまきはる我が命なりけり」（あらたま　原文のまま）

国語教育という一本の道を生き抜いてきた私にとり、自己認識と充実感をもたらす心情そのものである。

四十余年の教師生活は、よき先達に恵まれ、よき同志に支えられ、またよき勉学と実践の機会を与えられてきた私であったと、しみじみと感じるこの頃である。

校内研修は勿論、広島市、広島県単位の研究会、西日本大会、中国大会、全国大会等で、いろいろの研究授業、研究発表等をそのつどさせてもらってきた。また直接担任でない時代にも、運営、司会者、助言者として研究にかかわってきた。殊に、勤務校の中島小学校長として、第五十九回全国大学国語教育学会・第二十八回全国国語教育研究協議会・第十二回中国地区国語教育研究大会・第二十八回広島県国語教育研究大会を無事終了したことは、私の最後の花道であったと、感謝と充実感に満ちた一本道であった。

また、こくご通信、作文通信、国語ひろしま・国語サークル・文集ひろしま等の研究機関誌の発行を創刊号以来、直接かかわらせていただいたこと、湯の山での国語教育夏季講座、国語同好会等、懐かしく楽しい集いであった。

研究授業、発表者としては、前述の第一回広島県国語教育研究協議会（昭和28年11月29・30日　袋町小）第一回作文教育西日本大会（昭和29年11月15・16日　本川小）第二回広島県国語教育研究協議会（昭和29年11月29・30日　付属東千田小）第十二回全国大学国語教育学会・全国国語教育研究協議会（県は第四回）（昭和31年5月17・18・19日　附属東千田小・千田小）第七回広島県小学校国語教育研究大会（昭和34年2月10日　袋町小）第六回広島県作文教育研究集会（昭和35年2月27・28日　比治山小）第二回実践国語教育中国大会（昭和37年10月20・21日　広瀬小）第二回中国地区国語教育研究大会（県は第十一回）（昭和38年10月25・26日　袋町小）。

いずれもが「心に残る私の実践」の、一本道である。どの授業も研究発表も集大成したい気持ちであるが、限られた紙面のことでもあり、実践の質や巧拙だけでなく、一本道の記念碑的な実践を取り上げてみた。

研究授業を終えて　袋町小正門にて

それは、広島県・市の国語教育のスタートであり、胎動期と思われるからである。私にとってもスタートと言える研究会である。

時は昭和二十八年十一月二十九・三十日であり、小学校部会は袋町小学校で開かれた、「第一回廣島縣國語教育研究協議會」である。

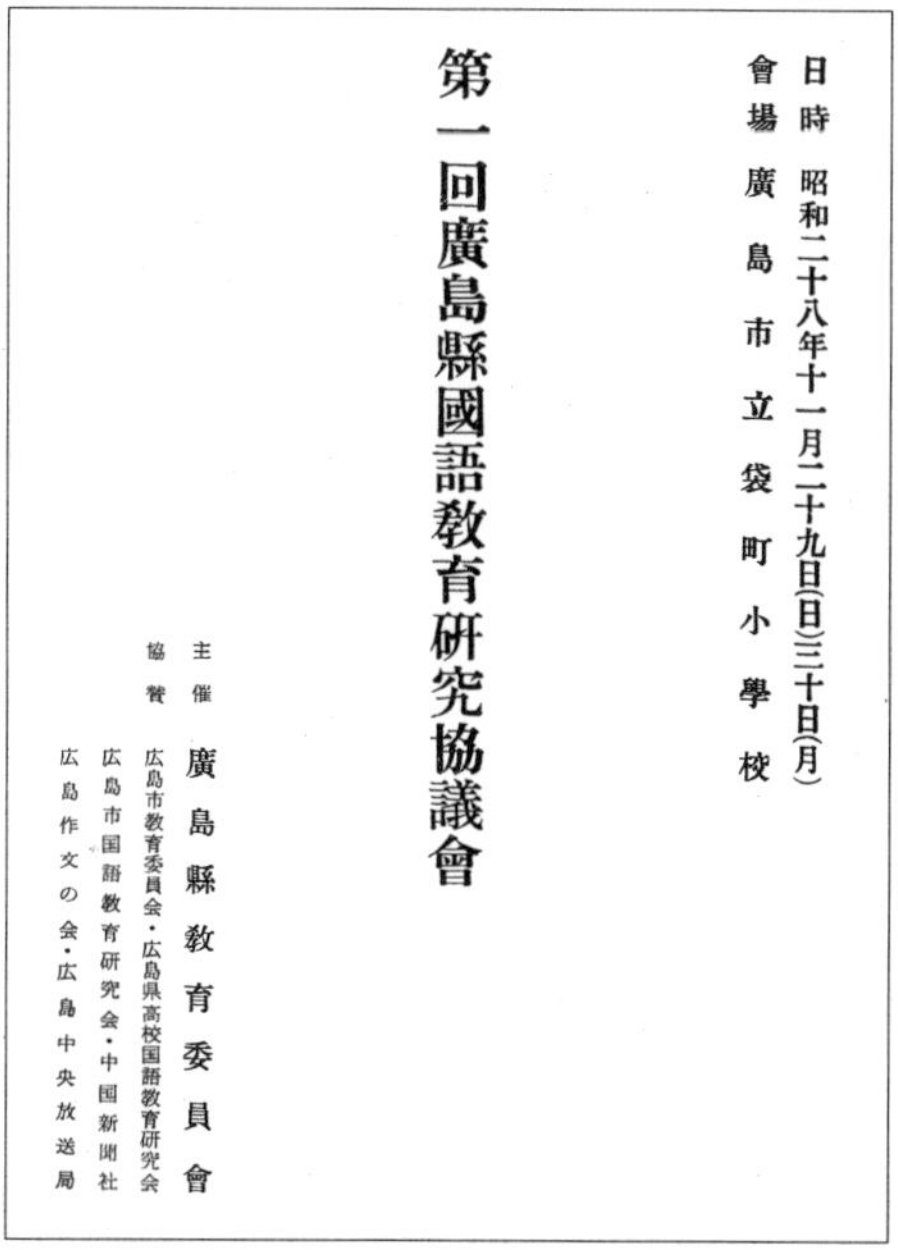
第一回廣島縣國語教育研究協議會

日時　昭和二十八年十一月二十九日(日)三十日(月)
會場　廣島市立袋町小學校

主催　廣島縣教育委員會
協賛　広島市教育委員会・広島県高校国語教育研究会
広島市国語教育研究会・中国新聞社
広島作文の会・広島中央放送局

県大会研究要項の表紙

要項も表紙も旧活字で印刷されている時代物である。主催の廣島縣教育委員會（以下は新字体）協賛、広島市教育委員会・広島県高校国語教育研究会・広島市国語教育研究会・中国新聞社・広島作文の会・広島中央放送局と表記されている。旧字体と新字体の混同された少しユーモラスな、時代を反映させた貴重な研究要項である。

全体協議会講師は、東京教育大学講師、文部省国語学習指導要領委員長同学習指導書委員長の石黒修先生、国立国語研究所員、文部省学習指導書副委員長平井昌夫先生であり、当時の国語教育界をリードされている両先生である。地元からは、松永信一（広大）真川淳（広大）清水文雄（広大）山根安太郎（広大）木原茂（広女子大）野地潤家（広大）小川利雄（広大東千田付小）高下正人（広大三原付小）末田賢（広島市教委）大村長次郎（広大付中）宗像義臣（呉市教委）末田克美（広島県教委）各先生方の講師陣であった。

全体会で石黒先生は、「生活綴り方と作文教育」、平井先生は、「読みの学習指導法」と題されて講演をされた。

内容は、当時の国語教育の今日的課題、本質に触れたもので、非常に質の高い詳細な内容であった。

授業者は、それぞれの学校の受け持ちの児童をバスで引率しての持ち込み授業であった。

研究授業は、一年、田辺正（竹屋小）。二年、安田平一（皆実小）。三年、和田利男（袋町小）。四年、細井迪（舟入小）。五年、吉井敏明（附属東雲小）の各先生。六年は私、向井信之（青崎小）であった。当時をリードされておられたベテランの先生方に交じって、若輩菲才の私が、このメンバーの一員に入れて頂いたことは、光栄であると共に不安一杯であった。「若いお前も広島代表として、しっかり勉強せよ。」と、先達先輩の温かい激励によって、大役を受けた次第である。


五十余年を隔てた今は、その経緯の詳細は記憶から薄れてしまったが、多くの参観者に囲まれて、緊張の中での研究授業のひと時であった。かすかな手足の震えと、ぎこちなさを露呈したが、やり甲斐のある一瞬であった。

「文章を書く」という教科書の文章を読み取り理解し、それを、実際に文章を書くことに生かすといった、読解（読み）と表現（書く）の有機的な関連のある総合的な学習教材であったと思う。

学習形態も当時の一斉学習の画一的指導に疑問を持った若輩の試みとして、個々の児童に密着した、能力的個別的小集団学習。そして、スキルのステップ積み上げの学習形態に、ものおじもせずに挑戦したように思える。

授業後の協議会でも、鋭い批判や指摘を受けたように思う。授業内容の拙劣、未熟であったことは、若輩青年教師の私であり、当然の宿命的な結果であった。

國語科学習指導案（広島市立青崎小学校第六学年）

指導者　向井信之

一、期　日　十一月二十九日（日）

二、単　元　文章を書く

三、単元設定の理由

○表現の具体的な一つの様相である文章を書くということは、我々の生活の支柱ともいえよう。文章を書くことは、我々がお互に意志を通じあい、考えを進め、文化をうけつぎ、創造していく上に欠くことのできないものであり、それのない生活は現代の我々には、考えられない生活である。

ここでこうした文章と生活の深いつながりを再認識することによつてより正しい言語生活の建設をはかろうとすることは意味のあることであろう。

○入学以来常に書く生活の拡充がはかられてきたわけであるが、特殊な児童を除いて、殆んどが書く生活を一つの体系として把握しておらず技術態度を身につけていない学級の実態である。ここで、国語学習の反省として、今までの書く生活を再考し、今後の発展をはかろうとすることは当学級に適切なことであろう。

四、目　標

○文章生活という角度から我々の生活をながめることによつて、書く生活を認識し、向上をはかる。

○文章を書くとはどんなことであるか、まとめて理解する。

○文章にはどんなものがあるかを、身のまわりの具体的な文章によつて理解する。

○文章を書く目的、文章と内容との関係をはつきりさせる。

○文章を書く技術を身につける。

○日本の文章の特色を理解し、それはどうあるべきかを考える。

五、計　画

○私たちの生活で、文章はどんな仂きや、役わりをはたしているか（2）

○文章はどんなことに注意して書いたらいいか（5）…（本時第三時）

○文章には、どんな種類があるか（6）

○日本の文章についてしらべてみる（3）

○まとめと評価（2）

六、資　料

学図国語六年生下（文章を書く）

学級文庫、学校図書館の関係図書

七、本時の目標

1、「文章を書く」で読解したことがらを手がかりとして、実際の文を研究し、文章を書いていく態度技能を身につけていく（A）

2、「文章を書く」で読解したことがらを手がかりとし実際の文の表記を批正し、正しい表記法を身につけていく、（B）

3、「文章を書く」で読解したことがらをたしかめ、基礎的な文字やことばの練習をする。（C）

八、学習指導過程

	前時まで	本時 A	本時 B	本時 C	次時
学習活動	「文章を書く」を読んで、書かれてあることがらを理解した。	1.前時の復習文章を書くにはどんなことが大切か 2.本時の目的指示			本時の学習をつづけ理解したことがらをクラブ全体でまとめる
		○プリントされた文を研究して文章はどんなふうに書いたらいいか気づきをノートへ書く。 ○表記についてしらべたことを話しあう。	（T）○正しい表記法が、なぜ大切であるか話しあう。 ○表記法には、どんなものがあるか話しあう。	○テスト「文章を書く」の読解をたしかめるためにテストをしてみる。	
		（T）研究を通して理解したこと、気づいたことを話しあう ○表記法 ○内　容	○プリントされた作文を読んで表記上のあやまりを正していく ○きづき感想をノートに整理しておく。	（T） ○テストの結果を手がかりとして話しあう。 ○基礎的な文字やことばの練習をする。	
指導上の留意点		○教科書「文章を書く」を手がかりとさせる。	○批正したことは分類整理させておく。 ○研究したことの指導整理は次時	○プリントの一部をテストする。残りをドリルに使用	
評価		○いい文章を書くにはどんなことに注意したらいいか理解できたか。	○表記法について理解が身についたか。	○基礎的な文字やことばが理解でき又「文章を書く」に書かれてあることがらがわかつたか。	

そうした授業内容の質、拙劣はともかく、この「第一回広島県国語教育研究協議会」が、私にとって晴れの舞台であり、また、広島県・市にとっても出発点であり、胎動期であることを心に刻むために、敢えて取り上げた次第である。

酷評の後にも、さわやかな達成感、充実感に満ちた感動だけは、今も忘れずに残っている。

それを出発点として、第一回作文西日本大会・第二回県大会・第十二回全国大会・第七回県大会・第二回中国大会・第五十九回全国大会へと続いてきた。第一回の県大会より、他の研究会の授業の方が、少し向上してよかったかと思うが、第一回県大会がきっかけとなり、記念碑的大会であったと思うので、「心に残る実践」として、取り上げた次第である。

前述したが、第五十九回全国大学国語教育学会・第二十八回全国国語教育研究協議会・第十二回中国地区国語教育研究大会（県は第二十八回）は、私の勤務校が会場となり、中島小・広島市国語教師の援助・協力をいただいて成功したことは、生涯忘れられない喜びであった。

県内は勿論、中国・四国。遠くは沖縄、北海道まで、全体会として二五〇〇人、小学校部会で一〇〇〇人を越える先生方を迎えての大きな大会となった。

私の退職後も、数々の国語教育研究大会が、発展的に開催されているのを見て、その伝統の中の一人であり得ることを喜び、限りない発展を祈るものである。ちなみに、第一回県大会の時の青崎小学校の教え子達も、市の中心部の袋町小学校にバスで出掛けて、研究大会に参加した時のことは、感動的な思い出として、今も記憶に止めているようである。

その時の子ども達は、卒業以来五十五年、今尚、毎年クラス会をして、懐かしんでくれる。子ども達にとっては、印象的なことであり、誇りを持ってくれているように思える。

次章

二度の全国国語教育研究協議会
――二十八年前の全国大会――

昭和五十五年十一月六・七日に第五十九回全国大学国語教育学会・第二十回全国国語研究協議会・第十二回中国地区国語教育研究大会（県は第二十八回）の小学校部会を、当時勤務校の中島小学校が会場となり、引き受けることになった。

いろいろの隘路もあり、気心配もあって、頭の痛いことではあるが、奇しき因縁もあり、長年の大恩ある広島県・市国語教育研究会のことであり、私にとっても集大成として、引き受けた次第である。

主題は「確かな表現力、理解力を育てる国語科の指導」と題して、文部省の渡辺富美雄先生を講師として迎え、ご指導をいただいた。

全体会の記念講演として、作家・芸術会員の、阿川弘之先生が、「日本語の美しさ日本語のユーモア」と題して、心に残る講話をしてくださった。

大会標題と会場校向井校長の挨拶

中島小藤井教諭　研究授業スナップ

講師陣には中央から、金田一春彦先生、石森延男先生、古田拡先生、井上敏夫先生、鬼頭礼蔵先生、望月久貴先生、吉田精一先生など、豪華なメンバーであった。

大会運営委員長は吉井敏明校長（船越小）、小学校部会長宮原健治校長（己斐東小）が大会運営の調整をされ、会場校として、向井（中島小校長）が当たった。

大会の詳細は、昭和五十五年に編集された「昭和五十五年度国語会報第三十二号」に掲載されているので割愛した。

それぞれのパートで尽力くださった先生。中島小学校の職員の強い結束力と支援があったからこそ、感謝と達成感を持つ大会であった。

——五十二年前の全国大会——

前述したように、多くの研究会にかかわってきたが、昭和三十一年五月十七・十八日に第十二回全国国語教育学会・第五回全国国語教育研究協議会（県は第四回）があり、研究授業者として指名されて、当時の勤務校の袋町小学校の受け持ち児童三年生五十九名を引率して、会場の千田小学校で、詩の授業をした。

当時は毎年のように、国語の大きな研究大会があったが、私は気軽に受けてしまう軽率さもあって、毎年のように授業をさせられていた。この大会でも、また授業者にさせられたが、この時だけは生意気にもある意図があって、「詩」の授業をやったのである。

当時香国研と呼ばれ、全国的に注目されていた香川県の西日本国語教育研究大会があった。中央講師も多く参加され、ある意味では実践理論の日本の中心的大会であった。私も四度あまり参加したが、二十八年の第一回の広島県大会が誕生したのも、その影響である。さて、三十年の香国研で、石森延男先生が、地元の教師の手による詩文集を手にされて、「これが詩といえるだろうか。詩を指導して、その期待に応え得る詩的センスを持った子は学級に一人いるかいないかだ。他の五十名の子は迷惑なことかも知れぬ。また教師に、詩を指導する力量やセンスを持った人が何人いるだろうか。詩的センスのない教師の指導は、かえって子どもの詩心の芽をつみとってしまうかも知れない。」とのお話があった。

あの温厚で物静かな石森先生の意外な程の手きびしい批判に驚いたのは、私だけではなかった。若い未熟な私には、その言葉の意味を理解できなかったし、ショックであった。むしろ生意気にも、強い反発と否定しかなかった。

「情緒の薄れた今の時代こそ、情操や感受性の教育が必要である。それも小学校時代にこそ養われるべきであるが、入試に追われる中学・高校では、それは期待できる環境ではない。」というのが、私の強い主張であった。

その翌年が第五回広島大会。部会講師も石森先生。私は恐れを知らぬ若者として、敢えて「詩」の授業をして、石森先生の香国研でのご発言の真意を確かめようとしたのである。

ドンキホーテにも似た私の意気込みも、先生のお姿が教室の後ろに見えたとたんに、あがってしまって、床に足もつかず、かすかな体のふるえをどうすることもできなかった。何をどう指導したかは、覚えていないしまつであった。

授業の分科会で小さくなっていたが、雰囲気に馴れてきた私は、また軽率さが顔を出し、よせばよいのに、「香国研での詩についてのお話が納得できません」とやってしまった。石森先生はおだやかな笑顔で、「ああ、あれはずい分みなさんから反発を受けました。言い過ぎましたね。」と前置きされて、「文学趣味や、国語科の枠を越えたものに偏ることなく、まず国語科の授業をきちんとやって、付けねばならない国語の力をまず子どもに付けてやることが一番基本である。真の基礎的な国語の力を育てないことへの忠告が、ああした詩作を否定した言葉になったのだ。」と、慈愛の眼で私を見つめて答えてくださった。隣に同席されていたもう一人の著名な講師が、急に大きな声で、「真意を聞き分ける耳を持て。」と、きつく叱責された。対照的であったが、若輩の私の非礼さが目にあまったのだと思う。

当時、国語科作文か、生活綴方か。表現か内容か、技術か人間形成かといった作文指導上の対立や、文学教育一辺倒の偏りもあった時代であった。そうした背景をふまえてのご指導であった。今にして思えば、文部省の役人（当時は既に昭和女子大に）であられたが、後に「コタンの口笛」等の作者として、詩情豊かな文学者として大成された先生のおことばだけに、迫力と説得力のあるものであった。（国語サークル第二号より一部転載）

終章

この子等に豊かなイメージの世界をこそ
——ある若き女教師の授業の中から——

私自身数多くの研究授業をしてきたが、また多くの授業を見せてもらうことができた。その中で、心に残るもの、そして国語教育の重要な課題を示唆してくれたものを一つ紹介しておきたい。

かつて使用した教科書の四年生版に、木下順二の「夕づる」があった。影絵風の幻想的な挿絵が三場面。リズミカルな民話調の文章で、表現上では心情を表す言葉は少ない。場面や情景の説明や登場人物の言動によって、心情を想像していかなければならず、格調も高く、四年生段階では少しむづかしいのではないかという懸念があった。

当時私と同じ職場にいた二十歳後半の女教師が、この、「夕づる」の授業をした。「よひょうとつうの心情の変化をたどりながら文章をくわしく読む」という計画の後半で、本時の目標は「よひょうの都へ行きたいという金銭の世界への迷いを想像させることによって、つうの望みや悲しみを理解させる」とある。

授業は性格プロットが軸となり、よひょうは正直者、こども好き、働き者、つうはやさしく、美しい布を織る働き者のいいおよめさん。……と前時までを想起させ、本時のめあて「よひょうの心が変わった。」（第一次感想から課題化）を確認し、展開部分に入った。

よひょうの心の動きの分かる表現を見付けさせ、ノートに抜き書きさせていった。そして、心情表出部分を発表させ、特に、「どうしても布を織れ！織らないとしょうちしないぞ！」を頂点とする心情の変化を、児童の思考や想像のコンテクストを大切にしながら、活発な授業が展開された。

その授業展開の中で、一番教えられたことは、性格・心情プロットを軸にした場合、往々にしてマイナスイメージの人物を短絡的、観念的に悪者と決めてしまう傾向がある。即ち「よひょうはつうとの約束を破った悪い人だ」「よひょうはお金を欲しがり、つうのことも忘れて都のことばかり考えている悪者だ」「つうの心も分からぬよくばり者のつめたい人間だ」等と、いわゆる善玉悪玉と観念的に振り分けて、イメージの広がりを固定化してしまうことである。ところがこの授業者は、よひょうの立場に身を寄せさせて、「その時代の雪深い貧しい農村の百姓にとって、都に行くことは夢物語であって、あこがれるのは無理のないことであった」「貧しさのどん底から抜け出したいと思うよひょうが、金銭に目がくらむのも否定できない」といった意味の子どもなりの発言を引き出し、よひょうを悪者と決めつけず、かえってよひょうの心情にも共感と理解を持たせたことだった。そしてさらに細かく表現に着目させ、そうど、うんずに誘惑されてすぐに心変わりしたのではないことを「これきりで織るのはおしまいよと、この前つうからかたく言われている」という表現から、躊躇や迷いがあったことを発見し、「二人が何回も何回もすすめている」ことから、「よひょうもだんだんと迷いはじめたのだろう」と発言している。「私がよひょうだったら、一生に一度も行くことの出来ない都なので、二人に連れて行ってやると言われたらすごく迷ったと思う」「とうとうよひょうが言い出しました」の「とうとう」ということばから、よひょうが迷いに迷ったあげく心が変わっていったので、長い間迷ったことが分かります」という、よひょうの心情のゆれの帰着点として「とうとう」という表現まで読み取っていった。

「愛という信じあいの世界を失い、物欲の世界に迷いこんだ人間よひょうのエゴ」そこに視点を置き、観念的に悪者と決めつけないで、同じ人間として持つ弱さ、悲しさ、エゴに気付かせながらの指導は、心憎いばかりのすばらしいものであった。それだけに「つうの悲しみ」「つうの純愛の破局のいたましさ」が、子どもの心に強い感動として印象づけられたと思う。イメージ豊かな読みになるか、ならないかを教えてくれた授業であったと思う。

さて、登場人物の形象は、コントラストが明白で対照的なものが、作品としても児童の理解が容易で、イメージの広がりも豊かになることは当然である。授業においても人物形象を白黒をはっきりさせて対比的に扱うことが効果的であることも否定できない。しかしどうも最近の授業の中には、主題へのアプローチにせっかちなためか、また主題を固執し過ぎるためか、極端に授業にAとBを対比し、マイナスイメージ的人物のすべてを強く否定してしまう傾向が強いように思う。しかも表現から遊離した観念的な決め付けが多いように思う。文学の読みは、確かな主題把握のためにそうした読みが正しいとする考えもあろう。しかし一つ一つの作品を読み重ねて、豊かな想像力や感受性やイメージなどを育てていく小学生段階では再考すべきことではないだろうか。

前述の「夕づる」にしてもマイナス人間形象よひょうに対して、あれだけの豊かなイメージを描くことができたことを思えば、短絡的に「よかもん」「わるかもん」と割り切るテレビ漫画的読解にならぬよう留意したいものである。

登場人物の扱い方の話のついでに、「主人公は誰か」という討議によく出くわす。教材研究ならともかく、授業時間全部をこの討議に終始した授業を見たことがある。主人公を確認することは大切だし、時としてそうした主人公探しの授業もあってもいいだろう。しかしいつもそれが国語の授業の中心課題のように思われてはたまらない。

今こそ豊かなイメージ、鋭い感受性を持つ子を育てねばならぬ時代だと思う。一つの若い教師の授業を通して私の思いを語ったつもりである。長い国語教育の道を歩んだ者として。

（国語ひろしま第37号より一部転載）

第二章　『湯の山合宿研究会の思い出』

一　「かがり火」が果たした役割と変遷

馬野和道

一　その大きな役割とは

「かがり火」が、広島市国語教育夏季講座の歴史の中で果たした役割について、二十年記念誌・三十年記念誌には、次のように述べてある。

湯の山の二十年の歴史の中で、この「かがり火」が果たした役割は大きい。十年誌、二十年誌をまとめる時に、ファイルされた各種湯の山の資料の中で、この「かがり火」が最も役に立つという人が多かった。研究資料が表の顔とすれば、「かがり火」はいわば裏の顔である。その裏の顔の方が、その年の湯の山の雰囲気を更にリアルに伝えてくれる。どういうことが話題になり、どういう人が、どういう面で活躍したか実によく分かるのである。

（二十年記念誌・藤井秀昭記）より

いわゆる速報版であるが、湯の山の機関紙であると同時に、裏面史を記録した唯一の新聞ともいえた。十年誌、二十年誌、三十年誌を作成する時、分からない部分があると、この「かがり火」を調べればかなり詳しいところまで判明したものである。正式の記録を取っていないので、この「かがり火」が一種の記録簿の役割を果たしていた。昭和五十一年から「ひろしま国語教育の創造」が発行されることになり、きちんとした記録が残されるようになったが、これとても、その年の湯の山の雰囲気を伝えることはできなかった。「かがり火」を読めば、たとえ、参加できなくても、湯の山に参加したような気分になると言われた先生もおられた。

（三十年記念誌・藤井秀昭記）より

二　「かがり火」の誕生

「かがり火」が、「火祭り」と共に湯の山合宿に誕生したのは、第五回（昭・40）からだ。私はその前年、草津温泉で行われた「日本作文の会」の全国大会に参加して、毎日発行される分科会の討議内容や、参加者の声を載せた速報版の量に圧倒された。帰広して、その感想を榎野譲さんに話したところ、我々もやってみようということから始まった。

新聞の題名を創刊号では「湯の山タイムズ」にしていたが、第八回（昭・43）から「かがり火」に変えた。多分、二日目の夜に行われる、「火祭り」の影響かもしれない。

編集室は、大広間に接する、窓もない、暗い三畳ほどの布団部屋だった。そこへ電気スタンドや、謄写版・ガリ版・鉄筆などを持ち込んで、二人で仕事を始めた。第八回から編集員も、梶矢、増田（法）、脇田の三名の若手が加わり、布団部屋から浴場の渡り口に近い、窓のある部屋に移った。その頃エアコンなどはまだ無くて、扇子や団扇で暑さをしのいだ。蚊取り線香の煙に喉を痛めながら、狭い部屋いっぱいに原稿や印刷済みの速報紙を広げた中で、夜遅くまでガリを切った。（印刷原版を作る）朝刊に間に合わせようとして、早暁に起きて印刷をしていたので、疲れて昼の研究会では居眠りばかりの三日間だった。それでも会員のみなさんが、読みながらニヤッと笑う顔を見ると、張り切らざるを得なかった。しかし、そのような苦労ばかりではない。取材と称して、女性の部屋に遠慮なく入り込める特権もあった。

印刷も私の頃は、鉄筆でガリ版上で書いた蝋原紙を絹目の網に張り、ローラーでインクを置いて、一枚一枚めくりながら印刷した。十三回の藤井さんの頃から電動の輪転機に変わり、スピードアップした。さらに、二十回から吉永さんによってファックスが導入され、編集部員はガリ切りの作業から開放された。また、タイプライターが持ち込まれた時もあったが、私の在職中は、ワープロ

までには至っていなかった。（29回まで）

三　編集内容と編集者

私と榎野さんが中心となって編集したのは、第五回から第十二回（昭・47）までだ。

その頃の紙面は、編集スタッフによる、インタビュー／分科会のレポート／講演や研究発表の寸描／部屋割り表／湯の山案内／初参加の声などで構成され、スタッフが書いた記事が大半を占めた。号外として、参加会員の酒豪番付や宴会・火祭りの時に歌う、唄の歌詞を付けた。ページ数も号外を除き、六ページ止まりぐらいだった。また、発表者の似顔絵や、湯の山スタイルと称した、男性のステテコ姿やマンガ風のカットを手描きで入れて、少しでも、楽しく面白く読んでもらうように心がけた。今のようにデジカメやプリンターが、その頃あったらなーと思う。このように、どちらかというと編集者の手による、速報版や湯の山風俗を描写した記事が多かった。

第十三回（昭・48）から私たちに代わって、藤井・望月コンビが登場した。編集者が代われば、当然紙面も変わる。それまでと大きな違いの第一は、講演・研究発表・討議などの内容を、特別にレポーターを依頼してコメントを付けてまとめさせ、更に一般の感想も合わせて掲載した点である。このことによって毎年の講座内容がよく分かり、公式記録の代わりにもなった。

第二は、毎年いろいろ課題を変えたアンケート方式で、参加者全員に回答させ、それを基に編集者が一人ひとりを分析診断して、キャラクターを一欄表にした号外を作ったことだ。設問が数項目に及ぶ時や、会員数が百名に達した時などの労苦は、大変だったと思う。これで、発刊当初の酒豪番付表よりも内容豊かになり、マンネリ化が防げた。この二つの方式は、以後、編集スタッフの顔ぶれが代わっても守られ、定着していった。

その他、出撃リサーチ／衝撃の告白／斜眼斜視／湯の山株式市況（ベテランや新人の品定め）／頭の体操／スポーツ速報（但し、広商が甲子園に出た時とカープの試合だけ）など多彩な企画を盛り込み、紙面をにぎわした。もちろん、夜の部屋訪問も精力的に取材して記事を集め、参加者をとことん裸にして歩いている。こう書いてくると、速報紙から脱却して本格的な新聞の体裁を整えたようだが、週刊誌を真似たようなところもあって、大衆受けを狙った感じがしないでもない。

ともあれ、十三回以降、受講者が感想や意見を書く機会が増えたことは、大変喜ばしい。教師自身が、書くことの苦手意識を克服して、書く力を身に付けるようにした藤井さんの功績は大きい。私が教育長なら、広島市国語教育功労賞を贈りたい。（但し、表彰状のみで賞金までは出さない。彼は第十六回（昭・51）から第二十回（昭・55）まで他の部署に回っていたが第二十一回（昭・56）に復帰して、第二十五回（昭・60）に加藤さんに編集長の座を譲った。望月さんは、第十九回（昭・54）から市教委へ入り、湯の山を離れた。第二十九回（平・元）に加藤さんから曽根さんになった。こうして、湯の山のシンボル的存在である「かがり火」は、オリンピックの聖火リレーのように、絶えることなく継がれていった。合宿研を支え続けた、その他多くのスタッフの方々の、労を惜しまぬ働きがあったればこそである。

四　湯の山合宿裏面史

では、三日間の合宿生活の一端を、「かがり火」をめくりながら振り返ってみよう。

—いろいろな替え歌が生まれた—

☆「湯の山小唄」その一（お座敷小唄の替え歌）

一、残り少ない休みじゃに
　なぜに湯の山　来にゃならぬ
　　頭よくして帰ろうと

願う心はみな同じ
二、普段はハダカでいるくせに
暑さ眠さをガマンして
足のシビレをさすりつつ
聞いた話は忘られぬ（三・四番略）
☆「湯の山讃歌」（雪山讃歌の替え歌）
一、湯の山湯の山我らがやどり
俺たちゃ毎年来なけりゃならぬ
三、机を囲めばおしゃべりできる
聞きたいことなら聞いたらいいさ
六、月がのぼれば夜露を踏んで
今夜も行こうよあの滝風呂へ
七、夜が更ければむしろを敷いて
友と酌もうよこのうま酒を
（二、四、五、八、九番略）
☆「湯の山小唄」その二（松の木小唄の替え歌）
一、うそうそうそよ　みんなうそ
頭がよくなるえらくなる
たびたび来たけど　いつまでも
えらくならない　このあたま
二、すきすきすきよ　みんなすき
湯の山温泉　みんなすき
すきでないのは　ただひとつ
ステテコ姿の　あのオヤジ
三、松の木ばかりが松じゃない
時計を見ながら腹の中
いまかいまかと　飯おやつ
いらいら待つのも　待つのうち
☆四季の歌に新しく五番が追加される（第十二回）
五、湯の山愛する人は　心熱き人
子どもを照らす太陽のような
ぼくの仲間さ
☆「いい湯だな」（ドリフのいい湯だなの替え歌）
ババンババンバンバン　ババンババンバンバン
・いい湯だなハハッハ　いい湯だなハハッハ
誰がのぞくか　女風呂

見てえなハハッハ　見てえなハハッハ
ここは佐伯町　湯の山の湯
・いい湯だなハハッハ　いい湯だなハハッハ
ことしも来ました　バスにゆられて
いい湯だねハハッハ　いい湯だねハハッハ
ここは湯の山　頭にいい湯
・いい会だねハハッハ　いい研究だねハハッハ
暑けりゃ汗かき　しゃべれば恥かいて
いいんだよハハッハ　いいかげんだよハハッハ
ここは湯の山　みんなの山よ
・よかったねハハッハ　よくやったハハッハ
湯の山合宿　二十年
いいじゃないかハハッハ　嬉しいねハハッハ
こころうきうき　湯の山のお湯
（開催年により歌詞の変更あり、定番は無い）

—数々の迷歌・迷句が生まれた—

☆湯の山歌壇　（ステテコの君に捧ぐる歌）
男性がいよいよ男らしく見ゆるなり
ステテコひらひらわたしは好きよ
ステテコの君の吐ける論聞くときに
しびれる感じになるは何故
ここまで来て衣を脱ぎて湯につかり
となりの男の声聞くはよし

☆キャンプファイヤーを囲む酔人どもの迷句
湯の山はヤブ蚊の多きところかな
湯の山は飲まねばすまぬところかな
湯の山はのぞき楽しきところかな
湯の山は足のしびれるところかな
湯の山は駄洒落の多きところかな
湯の山は風流人の来るところ
湯の山は風流人になるところ
湯の山は新学説の出るところ

☆湯の山川柳、技くらべ
湯の山やえらくなるのもしんどいな
湯の山はみんなヒーヒーヒ（火）ー祭り
講演中腹が減ったと虫が鳴き

湯の山の講座は耳より膝いたし
ギャル来訪待ちて中年ゴロ寝する
疲れ果て脳にしみいる蝉の声
発表が終わった今はワッハッハ
☆湯の山狂歌、技くらべ
年毎に男性の数減少し女性大部屋男性小部屋
年取れば昔ゃよかったというばかり
　夜這いもせずに愚痴の言い合い
暑いけど後が楽しみがんばろう
　ビールが呼んでる湯の山の夜
やっとすみさあ夏休みと思いきや
　宿題もらいああ情けなや
唐辛子かけてやりたい戯れ歌に
　ピリッとしない胡椒が効かない
―編集局員は毎夜各部屋を取材して探訪記にした―
・H子「来るんじゃあなかった」A子「ほうじゃね」記者「なんでや」H子「国語がようわからんけえ来たのに、いきなりまとめをあてられて―。年寄りがいじめるんだもん。もういや」M子「私は来てよかったなあ。でも、なんかもの足りんのよね。若い男がいないんだもん。私、なんのために来たんじゃろう」
　※若い男だけ入室可！２０２号室
―独断と偏見で人物診断をした号外―

　参加者の人物像を面白く書いた「かがり火」の号外は、湯の山酒豪番付に始まり、毎年、湯の山酒乱番付、湯の山参拝者迷鑑、湯の山人名事典、湯の山迷診断カルテ、湯の山・こくご・心理分析、ｅｔｃ表題を変えながら、編集局が独断と偏見で診断して、参加者の人物評を出し続けた。

　裏面史には、外にもまだたくさんのユーモアとペーソスに溢れる愉快な記事があるが、紙面の都合もあるので省く。

五　湯の山合宿の変遷

時代が変われば合宿も変わる。「かがり火」の今昔物語から、その変わりようを追ってみることにしよう。

その一、湯の山今昔物語（昭和59年　土屋隆夫さんの記事から）

最初の頃の湯の山の生活は厳格でした。第一日目は禁酒。服装―男性のステテコ姿は相成らん。会長さんは、きちっとネクタイを締めての学習でした。（※注1　しかし、国語教育夏季講座十周年誌に小川利雄先生（広大付小）は「湯の山スタイルのことなど」と題して次のように述べておられる。）

男性は、せんす片手にステテコ姿／女子の方は、右に準じて然るべく／「これをもって湯の山講座における正装とします」というおふれが出たときには、さすがにほっといたしました。この正装を発案されたのは、Sさんだったと思います。Sさんは「これを湯の山スタイルということにしましょう」とも提案されました。（※注2　Sさんとは下村校長であろう。）

第一日の日課が終わると、F氏に誘われ、一キロ先の役場の向かい側にある酒屋さんまで散歩に出かけました。川辺にゴザを敷いて、禁酒の中での一杯はまた格別。（※注3　合宿中の禁酒が解禁されたのは、第4回の頃かららしい。）

夜は、学習の大広間が、男性（参加者の大多数）の寝室になりました。白い大きな蚊帳が吊られて、その中で―悪い奴ほどよく眠る―、耳を塞ぎたくなるほどのイビキを聞かされたものでした。

眠れぬままにロビーに出た何人かは、いろり型の塗りこみ火鉢を灰皿にして、四方山話にふけったものです。昼間の学習では得られないもの―国語教室、国語教師、文学、人生のことなどを吸収することができました。

その二、湯の山レポート・夏季講座の変貌（国語同好会機関紙・国語サークル第12号　馬野の記事）

昭和四十八年白雲閣に新館が増設されたのを期

に、合宿生活が大きく変わった。まず宿舎と研究会場が分かれて、旧館から道一つ隔てた川に近い所へ建てられた新館の二階へ、吊り橋がかけられた。浴室は旧館の時よりずっと広げられたが、岩風呂形式はそのまま残されていて、よかった。ただ残念なことに男湯と女湯の間の石垣は、ずっと高くなり、白い豊満な観音様のお姿を垣間見ることはできなくなった。

また、寝室は二階から四階まで和洋取り混ぜて二十室あまりあり、冷暖房完備のホテル風で、部屋ごとにカラーテレビや冷蔵庫が備えられている。だが、扉を閉めると密室になり、廊下のスピーカーのアナウンスが聞こえにくくなるので、うっかりして集会に遅れることもあった。

それにもまして用心しなければならないのは、冷蔵庫のビールである。旧館の大部屋で、一日中暑さや足腰の痛みと学習に疲れてくたくたになって部屋に帰った時、よほど意志の強い者でない限り、冷蔵庫の扉を開けざるを得ない。飲むほどに、酔うほどに話は弾み、類は類を呼んで深夜の酒盛りとなる。いざ帰広となって、思わぬ請求書にびっくりしてももうおそい。

けれども、旧来の湯の山の素朴な味も捨て難いとみえ、大部屋を復活し、会員は校長も他校同士も一つの部屋に寝起きして、男性はステテコ姿になって共に談じ、ヒューマンリレーションを深めた、湯の山創設の昔に返れという論もあった。

その三、湯の山今昔・雑感（昭和61年　藤井さんの記事）

「今年も来られましたな」「夏休みもあとすこしですのう」と例年の顔なじみが集う。大広間で研究討議、論争。夜は碁、将棋。頭のよくなる滝に打たれて、飲みかつ歌い、新人をいびる。その中にモノになるやつがいるかどうか値踏み。大広間に蚊帳を吊りイビキの渦の中で寝る。

しかし、湯の山は次第に様変わりをみせはじめた。かつて一台もなかった自家用車が庭を埋め、火祭りの聖なる広場まで車、車、車。

マジメそうな人が増え、一回か二回湯の山を経験してみようという、体験派的ギャルが増え、何年も続けて参加する人はまれとなった。合宿しての研究が生命の湯の山なのに、昼のみ参加という通いの参加者が出現するとは……嗚呼!!

その四、湯の山合宿服装史―湯の山スタイルの変遷

湯の山スタイルは、第一回から男性の特権として認められたようだが、第六回には女性の湯の山スタイルも発案されている。それはノースリーブのワンピースの裾を踵が隠れるぐらいにして、どんなに足を崩してもHな男性の目を遮り、腰には帯を結んで長く垂らす、チマ、チョゴリに似た韓国風スタイルだ。ぜひ実現して欲しかった。

ところが、それが次のように変わったのだから面白い。

第一回　昭和三十六年頃
クレープ(麻)の縮みの半袖シャツとズボン下

第六回　昭和四十一年頃
甚平スタイル登場

第十四回　昭和四十九年頃
Tシャツとバミューダパンツの若者参加

第二十回　昭和五十四年頃
男性のパンチパーマ登場、ステテコはトレーパンになる。

第二十一回　昭和五十五年
若いギャルたちはタンクトップにジョギングパンツ

―考察―　男は隠し、女は現すような時代に変わった。

六　初めまして・初参加者の声

「かがり火」では、毎年、初参加者に率直な感想を書いてもらった。

◎教員生活、一年とちょっと。いまだに失敗続きの毎日に「もっと勉強しなければ」と重い腰を、やっと持ち上げて参加した湯の山です。初日から、湯の山学級の生徒として授業を受け、他の人の意見を聞きながら、固い頭をほぐしています。何だか生徒の気持ちが分かるような気がします。これからも、この経験を生かし、教師の立場と、生徒の立場の両方を考えて、がんばりたいと思います。

H小　K女

◎ヒェーッ、ギャーッとおどろくほどの莫大な資料！これが聞きしに勝る湯の山しごき道場と感服いたしました。表紙付きのファイルにまた感激しました。二泊三日の研修に、身震いと武者震いを感じます。まじめな人はよりまじめに、そうでない人は、それなりにマジメ人間に変身する通路が、旧館大広間へ通じる渡り廊下なのですネ。いい湯につかってせっせと変身しましょう。

N小　H女

◎「○番の人司会をしてください」の声でそれまでの受身の参加態度から、突然目覚めさせられた気がしました。こんな豪華キャストの中で司会なんて。でも自分も国語教育を志す者の一人に加わったんだなと、ずっしりと感じました。

Y小　O女

彼女たちをこのように変えたものは何だろう。それは昭和五十八年・二十三回に定められたこの合宿の掟ともいうべき―湯の山五訓―を参加者全員が心がけていたからに他ならない。

―湯の山五訓―

一、自ら学び楽しむ精神を忘れない
　人に教えてもらう、誰かに楽しませてもらうではなく自ら求めていこう。
二、恥をかくことをおそれない
　司会者、発表者になる場合もあります。はっきり思ったことを言おう。プライドを捨て馬鹿になることも必要。

三、初対面の人とも遠慮なく話をする
　湯の山は学習会であると同時に、人との触れ合いの場でもあります。しっかり話をしましょう。部屋に閉じこもらずに……

四、しっかり身体を動かせる
　食事の準備、後始末、進んで……
　火祭りでは、歌ったり、踊ったり……

五、書くことを避けない
　「かがり火」の原稿依頼、アンケートには素直に応じ、快く提出する。

七　湯の山は広島市小学校国語教育の源流

　湯の山合宿は昭和三十六年から始まった。そのころ広島市内の小学校ではこのような試みをしたことは無く、運営責任者の校長先生方は「二泊三日はむりじゃあなかろうかのうー。二十人も集まればええがのー」と心配され、伊原武校長は「皆さん、今や、広島市の燃え上がる国語教育への情熱は、やむにやまれぬ勢いをもって、ここに国語教育夏季講座を開く運びに……」と心こもる葉書を五十枚ばかり書いて出されたという。また、合宿の候補地は、俗界を離れて山に篭りみっちり修行できる、広島に近くて（交通費が安い）閑静で、古くから広島の湯治場として名の知られた、湯の山の白雲閣に決められた。

　四十五名の参加者で始まったこの会は、安佐地区佐伯地区が広島市に編入されたことなどもあって、昭和五十八年・二十三回には百名を越す盛会となった。これに刺激を受け、市教委主催の合宿研究会が始まり、それぞれの教科の同好会も湯の山合宿を倣うようになった。平成元年ごろ、夏休みは各種合宿研の花盛りになって、湯の山合宿とも重なるため、参加したくてもできない人があり、世話をされる国語教育研究会の幹事の方は、期日を決めるのに苦労をされた。運営に当たられた方々に敬意を表して筆を置く。

おわりにあたって

最初の原稿執筆の依頼の手紙をいただいた時は、「心に残る国語教育」という内容だった。もともとさしたる実践もしていないし、退職後二十年も経てば記憶はうすれ、実践資料も残っていないので、失礼は承知で放置していた。

ところが担当の中村さんから、「かがり火」のことでいいから書いて欲しいと、再度依頼があった。それなら確か資源ゴミに出した記憶はないので、倉庫の中に積まれたみかん箱を一つ一つ開いて探した。あった！紙の色も変わりほこりをかぶって汚れた「かがり火」が出て来た。さっそくページをめくり、原稿に使えそうな記事にしるしを付けながら読んでいく。そして、『かがり火』が果たした役割と変遷」と題して書き始めた。

しかし、丁度、家の立ち退きに伴う、厄介な仕事や地域活動に追われて執筆に身が入らず、筆が止まった。そんな時、またまた中村さんから「先生の原稿が無いと画龍点睛を欠くので……ぜひに」と催促のハガキをいただいた。この殺し文句には参った。もう後には引けない。三月半ばから執筆再開。二十四年間の「かがり火」を毎晩繰返して読みながら、研究会の裏面史をまとめていく。書いたり、消したり、また戻したり、言葉の位置を変えたり。消しゴムのカスも出ず、鉛筆を削る手間もいらず、パソコンは本当に便利だ。

こうして、月末に原稿がやっとできた。はじめは、今更過ぎた昔のことを……と腰が重かったが、「かがり火」がもう一度日の目をみることができて嬉しかった。

二　心に残る「かがり火」

神田和正

平成二十年度の太河の会の総会が十月二十四日（金）の午後六時より開催された。この会で国語教育夏季講座が平成二十二年に第五十回を迎えることを知った。五十年間もの長い間、欠けることもなくよく続いたものである。

私の場合、第一回で研究発表をさせていただいた時から、第二十回までは、よく出席していた。しかし、二十回以降は殆ど出席していない。学校における立場とか学校の状況とかで出席できなかった。

平成元年度をもって勧奨退職をし、安田女子大学・短期大学に勤めることになった。大学に勤めるようになって、国語教育夏季講座に講師として

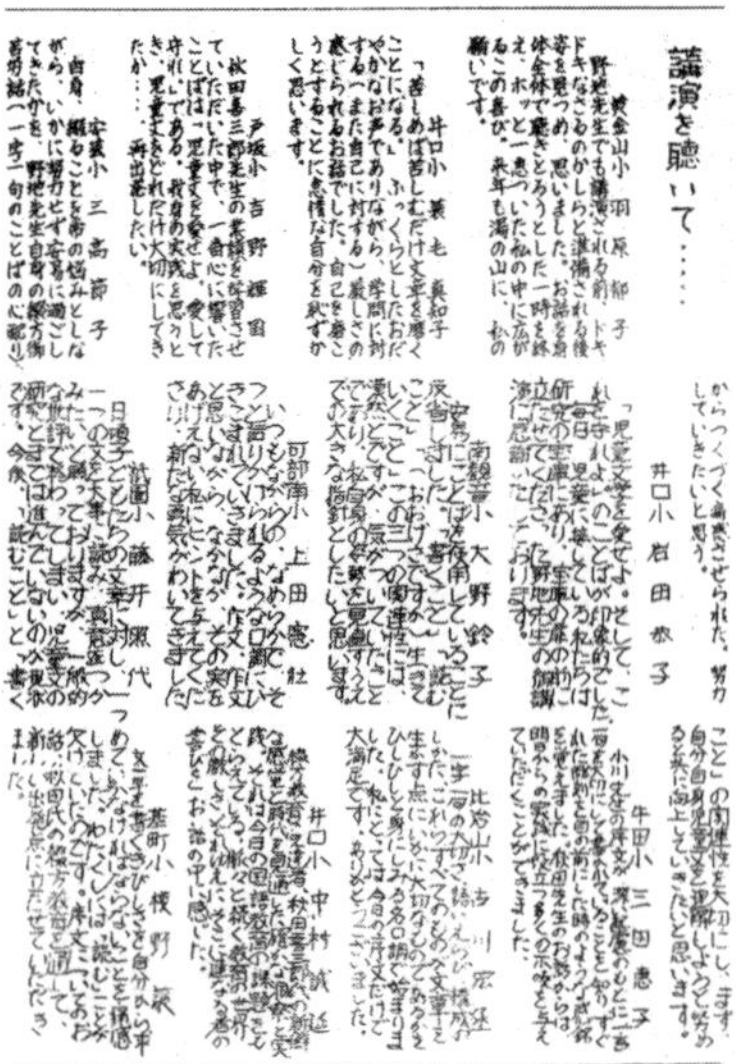

招かれ四回（31回・34回・35回・37回）にわたって講師を勤めさせていただいた。

こうした国語教育夏季講座を通しての思い出としてすぐに心に浮んでくることは、第十七回の講座の「かがり火」に載った野地潤家先生のご講演をレポートした記事である。たくさんの資料をつめこんだダンボール箱からやっと見つけ出した、私にとっては宝物と言える資料である。そのときの「かがり火」の実物を縮小して示す。（前ページ）

講演のレポート
秋田喜三郎氏綴り方教育論
広島大学教授　野地　潤家　先生

広島市のこれからの作文教育、また、読むことと書くことを関連させた指導はどうあるべきかを意図されて、明治四十年代から昭和十年代までに活躍された秋田喜三郎氏の綴り方教育論を、わたしたちの前に展開していただいた。

その一つは、学習主体者である子どもに読ませる学習物語を書くことを示唆された。

二つめは、現時問題となっている理解と表現の関連学習の問題がすでに秋田喜三郎氏によって追究されている事実が明らかにされた。

三つめは、作文教育は、児童の作文研究から始まること、また、作文研究のできるのは、直接子どもに接する現場実践者であることを示された。

五・六十年前の秋田喜三郎氏の著書を実際に示されながらのお話で、秋田氏がこの湯の山によみがえって我々に語りかけられる感じがする。氏の書かれていることが決して古くないこと、むしろ今でも学ぶべきことが多いことを改めて知らされる。五・六十年たった現代の作文教育がどれだけ進歩しているかを考えるとき何に目を向け、どういう努力をすればよいかを、野地先生を通して深く考えさせられる。これは、小川利雄先生の著書の序文に書かれた先生の姿勢にもよく表れているようにも思う。
それぞれの多くの収穫を得た一時間半であった。

この報告に続いて、十二名の「講演を聞いて……」が載せられている。その中から四名の方の感想を載せておく。

黄金山小　羽原　郁子

野地先生でも講演される前、ドキドキなさるのかしらと準備される後姿を見つめ、思いました。お話を身体全体が聴き取ろうとした一時を終え、ホッと一息ついた私の中に広がるこの喜び。来年も湯の山に、私の願いです。

井口小　蓑毛　真知子

「苦しめば苦しむほど文章を書くことになる。」ふっくらとしたおだやかなお声でありながら、学問に対する（また自己に対する）厳しさの感じられるお話でした。自己を磨こうとすることに怠惰な自分を恥ずかしく思います。

戸坂小　吉野　輝国

秋田喜三郎先生の業績を学習させていただいた中で、一番心に響いたことばは、「児童文を愛せよ。愛して守れ。」である。我が身の実践を思うとき、児童文をどれだけ大切にしてきたか……。再出発したい。

井口小　中村　誠延

綴方教育の先達者、秋田喜三郎氏の新鮮な感覚と時代を見通した確かな洞察と実践。それは今日の国語教育の課題ととらえている。脈々と続く教育の世界の厳しさ、それゆえにそこに連なる者の喜びをお話の中に感じた。

湯の山の講演一つ一つが、参加した人たちに感銘を与え、自己の実践を改めて考え直す機会になっていたことを改めて感じる。

野地潤家先生の講演に対する心構えやお気持ちのわかる文章が、国語教育夏季講座二十周年記念誌に載せられている。その後半部分をここに再録させていただく。

着実な集積とゆたかな交流を

広島大学教授　野地　潤家

1

広島市小学校国語教育研究会が、湯の山白雲閣を会場に、国語教育夏季講座として開かれるようになって、ことしははやくも二十周年を迎える。昨日始まったばかりと思われるのに、ことしはこの合宿ももう成人式を迎え、堂々たる成果を積み上げて、いっそうゆたかに年齢を加えていこうとしている。心づよく、よろこばしいと言わなければならない。

（以下、五行を省略させていただく）

2

二十年のうち、三回ばかりやむをえぬ事情で、休んでいるわたくしではあるが、十六回にも及ぶ、講演と名のつく、研究発表は、一口で言えば、たい・へ・ん・であった。二日目の夕方、白雲閣に着き、夕食後のたのしい会がすめば、そのままへやにこもって、翌日の講演の準備に取りかかるのを例とした。毎年のように、かなりの書物を持ちこんで、戸外で行われる、火を囲んでのたのしいつどいへの参加をあきらめながら、必死になって、組み立てをしなければならなかった。講演主題には、いつも最後まで迷うことが多かった。
三日目の午前中、講演がすむと、その年の夏の峠を越えたように、心の肩の荷をおろしたようにほっとした。湯の山新聞に寄せられる、すばらしい聴き手からの感想は、わたしにとって、なにものにも替えがたい宝物である。湯の山合宿で、わたくしはいつも育てられてきた。

〈昭55年7月31日稿〉

（20周年記念国語教育夏季講座3ぺ）

心に残る「かがり火」は、私の心の中にいつでも燃え続けるであろう。

第六回

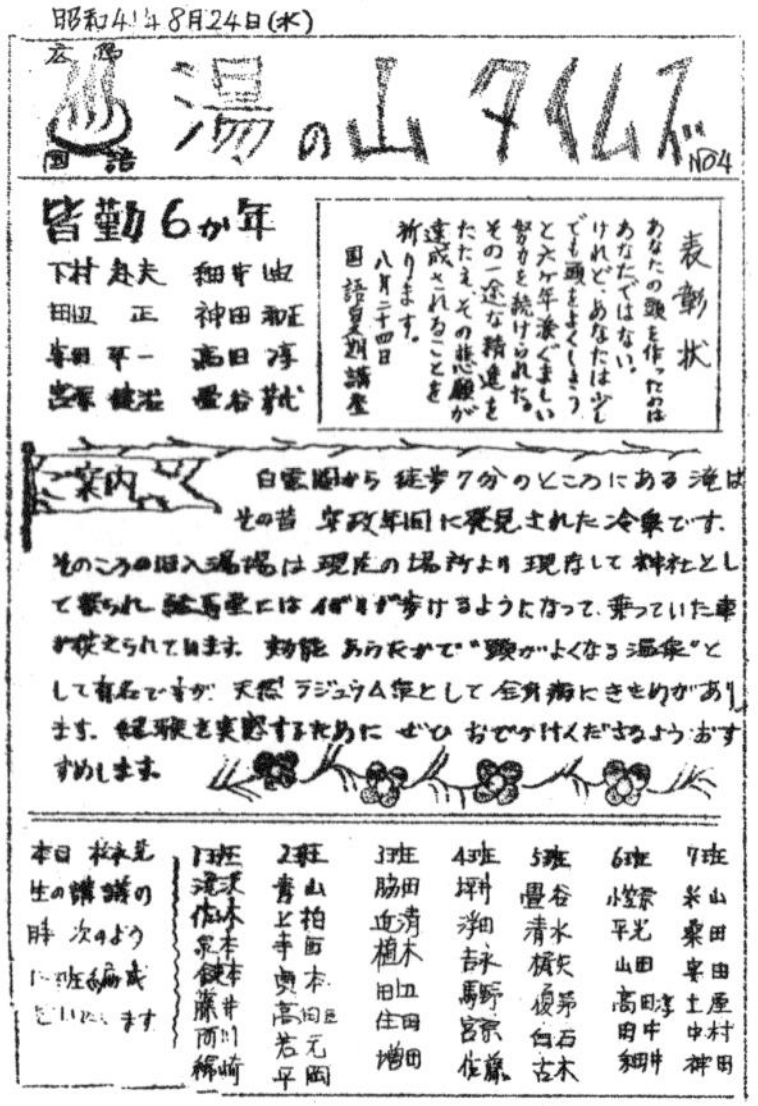
昭和41年8月24日(水)

広島国語

湯の山タイムズ No4

皆勤6か年

下村哲夫 細井迪
田辺 正 神田和正
寺田平一 高田淳

表彰状

あなたの頭を作ったのはあなたではない。けれど、あなたは少しでも頭をよくしようと六ケ年涙ぐましい努力を続けられた。その一途な精進をたたえ、その悲願が達成されることを祈ります。

八月二十四日

国語夏期講座

ご案内

白雲閣から徒歩7分のところにある滝は その昔 安政年間に発見された冷泉です。そのころの[illegible]湯場は現在の場所より[illegible]して神社として祭られ[illegible]には[illegible]歩けるようになって、乗っていた車が供えられております。効能あらたかで"頭がよくなる温泉"として有名ですが、天然ラジュウム泉として全身病にききめがあります。経験を実際するために ぜひ おでかけくださるよう おすすめします

本日 松永先生の講議の時 次のように班編成をいたします

1班	2班	3班	4班	5班	6班	7班
滝沢	青山	脇田	坪井	畳谷	小笠原	米山
佐々木	上柏	近清	浮田	清水	平光	桑田
宮本	寺西	植木	吉永	横矢	山田	実田
岡本	奥本	田辺	馬野	[illegible]	高田淳	土屋
藤井	高田正	住田	宮原	白石	田中	中村
西川	若元	増田	佐藤	古木	細井	神田
柳崎	平岡					

第八回

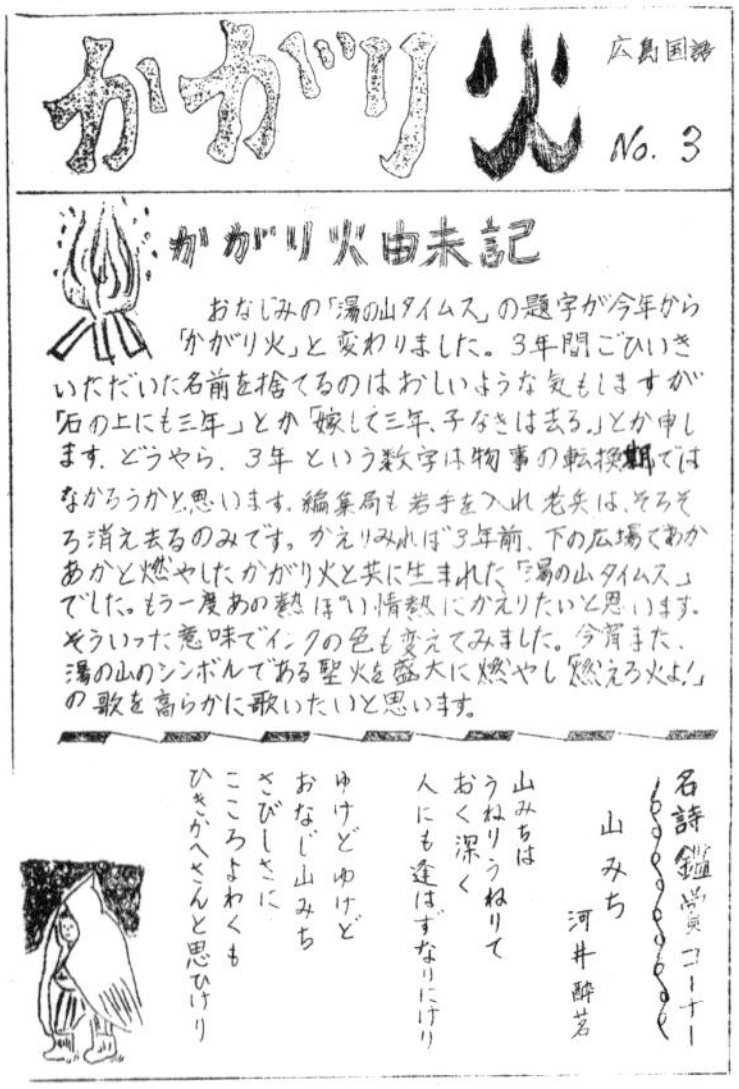
かがり火　広島国語　No. 3

かがり火由来記

おなじみの「湯の山タイムス」の題字が今年から「かがり火」と変わりました。3年間ごひいきいただいた名前を捨てるのはおしいような気もしますが「石の上にも三年」とか「嫁して三年、子なきは去る。」とか申します。どうやら、3年という数字は物事の転換期ではなかろうかと思います。編集局も若手を入れ老兵は、そろそろ消え去るのみです。かえりみれば3年前、下の広場であかあかと燃やしたかがり火と共に生まれた「湯の山タイムス」でした。もう一度あの熱ぽい情熱にかえりたいと思います。そういった意味でインクの色も変えてみました。今宵また、湯の山のシンボルである聖火を盛大に燃やし「燃えろ火よ!」の歌を高らかに歌いたいと思います。

名詩鑑賞コーナー

山みち　河井酔茗

山みちは
うねりうねりて
おく深く
人にも逢はずなりにけり

ゆけどゆけど
おなじ山みち
さびしさに
こころよわくも
ひきかへさんと思ひけり

二　湯の山学校
——国語教育夏季合宿研究会——

宮　崎　定

昭和三十六年、この合宿研究会が開かれてから今年で二十四回を数えます。

広島市へ出てきたころ（草津小時代五年間）は、体育研究会に属していましたが、比冶山小学校転勤（昭和三十四年）を機に、国語研究会に移っていた私は、この合宿に第一回から参加しました。そして、断続二十回は参加しました。

今は主催者側になっている私は、開講式の中で「湯の山夏季合宿研究会は、広島国語同人のメッカです。」などとあいさつしますが、私は本当にそう思っています。

広島の小学校国語同人としての交わり・よしみというものは、定例研究会などより、こうした自発的な参加の会で得られるものと思います。他所者で、同窓生のいない私の場合特にその感を強くしています。事実こうした会で、こだわりなく話し合える、全く反対のことを遠慮なく言い合える沢山の先輩・同輩・後輩（年齢の上で）を得てきました。ありがたいことと思っています。

いつも、後列の人生を歩いて来た私が、湯の山国語で研究発表をさせて頂いたのは、参加八年、四十四歳のころだったと思います。司会の現在市教委指導主事の中村誠延先生と組んで、平塚武二作「玉虫のずしの物語」をしました。あれは一つの、私の国語教育研究史と思っています。

ついで翌四十五年には「はまひるがおの小さな海——今西祐行」の、「教材の見方」パネルマンとして、晴れがましい舞台に上げて頂きました。この作品で、確か、「作品中の私と、はまひるがおの優しさが、まんじゅうの皮とアンコのような働きをしている。」という私見を、小川先生から「ユニークな見方」とおほめいただいてうれしかったことを覚えています。

叱るよりほめよ。けなすよりも認めよ。これは本当に真理だと思っています。

発表する立場は二度でしたが、それは勿論、聞くことで多くのことを学んできました。大体、研究会参加ということは、人から新しいことを学ぶということ共に、自分の実践を確かめるという点に、意義があると思います。自分が実践しないで、外からだけ求めようとするのは、実践者として誤りだと思っています。

昭和36年　第１回　湯の山合宿研究会

往年の学習光景―湯の山スタイル(ステテコ姿)

広島大学の野地潤家先生（現鳴門教育大）、松永信一先生（故人）、森本正一先生、安田大学の小川利雄先生のご講演は毎回あり、その度に新しい啓示をいただきました。

湯の山合宿研の始まったころは、会費も千三百円ほど。参加者は四十人ほど。夏の合宿だからというので、男子の服装はステテコ・下シャツということでしたが、いつの間にかステテコ姿は消えてしまいました。

まだ、今の白雲閣新館のなかったころで、男子会員には、大部屋が学習室兼休憩室兼寝室となっていました。みんなで学習机を片付け、布団を敷き、長い長いカヤを吊って寝ました。夜遅くまで談論も咲きました。

同じ釜の飯を食う——と言いますが、一緒に食事をし、一緒に風呂に入り、一つの屋根の下、同じ部屋でイビキを聞き合って眠る。湯の山同人、広島市小学校国語同人の絆はこうして生まれたのだと思います。

この研究会がいつまでも続き、より充実していくことを願っています。

『風頼記』（昭和六十年出版）より

四　国語教師の支えとして

増田義法

一　第一回に新卒で参加

研究会が始まったのが昭和三十六年だから、私の教職生活の一年目の夏になる。

当時、学校は戦後のベビーブームの子どもが小学校から中学校へ移行する時代で、中学校の理科系と図工、体育系の教師が不足していた。小学校教師で免許がある希望者は中学校へ転勤した。私が戸坂小学校へ赴任した時は、図工主任としてであった。そこで、せめて夏休みだけでもとお願いをして国語研究会に参加させてもらった。

まだ、教師がマイカーなど持っていない時代のこと、参加者が貸し切りバス一台に乗って湯の山の白雲閣についた。

研究会は、山の旅館とはいえ真夏のこと、大広間の低い長机に三・四人座り、団扇であおぎながらの学習であった。新人の私には誰一人知り合いはなく、黙って参加していた。

蝉の声がせわしく眠気がやってきたが、念願の国語研究会であったので懸命に学習した。

二泊三日の間に一回は発言しようと思ったができなかった。しかし、今でもはっきり覚えているのは、広間の柱のそばで休憩をしている私に

「研究会はどうかいのう、学校に帰って役立ちそうなことがあるかね」

と声をかけてくださったのが、安田平一先生であった。あの記憶から、研究会で新人の人にはできるだけ声をかけるようにしていた。

以後、安田先生には国語同好会、ひろしま文学研究会など大変お世話になった。さらに、先生が九十歳で元気に夜の流川を歩かれるお供をしたのも不思議なご縁である。

二　湯の山学級の始まり

夏季研究会は、広島市の国語研究史であるが、私の国語教師としての歴史でもあった。

多くの先輩に学び、研究のしかたや発想のもとを学んだ。以後、できるだけ参加した。研究発表の機会も何度かあり、会の企画運営にも参加し、ガリ版刷りの「かがり火」にも精を出した。

研究会では、読解指導の実践発表が主流で、市内の研究授業も文学作品や説明文をどう読み取らせるかが多かった。

第十四回の企画に先立って、藤井秀昭先生、中村誠延先生と私の三人で、作文指導の研究を組み入れようと話し合った。参加者に児童になってもらい、私達が先生になって、児童の作文をもとに模擬授業をしたのが「湯の山学級」の始まりであった。

私は三回目の担当であった。五年生の南部君の「東洋工業見学」の記録文を持って三人でする事前研究に行った。

藤井先生が

「この子は、頭が良くて勉強が良くできるだろう。文字の大きさが良く整っている」

と言われた。私は驚いた。指摘が、見学の視点が良いとか、まとめ方が優れているではなくて、文字の大きさであった。このことは子どものノートや作文をみるとき頭の片隅に残っていた。

その時の作文は、ずっと私の机の中にしまい込んでいた。当時はコピーなどない時代であったから大変失礼なことをした。

先日、改めてこの作文を出し、年賀状をたよりに東京にいる彼に電話をした。すでに四十三歳になり、会社の技術研究所で地震防災関係の研究をしている。とくに緊急地震速報が発令されたとき、エレベーターやエスカレータを自動的に停止する装置は注目されている。また、大学の客員准教授にもなっていると話していた。未返還の作文のことも詫びておいた。

三　作文指導の原点として

「湯の山学級」のあと、南観音小学校の学校努力事項で作文指導を取り上げることになった。

私は研究推進役として、全職員に研究授業をしなければならない。当時は作文指導の実践授業を参観した記憶があまりない。あっても児童の作文をもとに、推敲の授業であったように思う。取材・組立・記述・推敲のどの段階でも研究授業が成立しなければならない。

当時、山口県光市で作文の公開授業があって何人かの職員で参加し、大変参考になった。

私は一つの題材で、提案授業を数日間おこなった。校内の先生には都合のよい時にみてもらい、放課後にはみんなで話し合った。翌日の授業展開についても研究した。

記述段階の研究授業が少なかったのは、児童が作文用紙に書く時間が関係しているのではないかと思う。しかし、図画で絵を描く時間や、理科で実験をしている場面をどのように指導するかは研究授業として公開されている。このことが記述指導の授業展開で参考になった。

以後、指導要領の改訂で表現領域が重視され、作文の授業が研究会の度に公開されるようになった。湯の山学級は、その先がけとも言えるのではないだろうか。

五　国語教育への情熱

竹内浩二

煙草が煙り、謄写インクの匂いが満ちた畳の部屋、移動すれば床の軋み音も出る会場での合宿研究会が「湯の山」である。そこでゆっくりと温泉に浸ったという印象はない。

私は、その年は司会であった。私達の提案グループは、発表者ともう一人の司会者と、夕食後、明日の発表に備えて、打合せをすることにした。模擬発表をし、発表の手順や司会の流れを具体的に確認・検討していくためである。

午後八時過ぎから、模擬発表を開始する。その場に居合わせたのは、提案者の応援団も含めて、六人程度だったかと思う。発表開始後、三十分以上経過するが、発表者には指導意図や児童への思いがいろいろあり、発表は脱線気味。組み立てが十分でなく、なかなか提案の筋が見えてこない。何度か軌道修正をするが、なかなか発表がまとまらない。そこで、たまらず司会者のほうで、「組み立ての順を変え、方法と結論を先に述べてから、児童の実態などを補完するように」と話す。九時半過ぎであったが、発表者が提案を練り直す時間をとることとなる。

午後十時半頃より、模擬発表を再開する。発表者の意図もかなり明確になり、内容も良くなりつつある感触を得る。しかし、夕食後でアルコールも入っていたこともあり、発表者は眠気を抑えられないようだ。目はトロンとし、間合いも長くなる。それでも、私達司会者二人は、励まし、懸命にアドバイスをするが、やがて発表者はコックリ、コックリとなり始める。二人はどうしたものかと顔を見合わせながら、「今日はここまで」ということで、模擬発表を打ち切る。彼を部屋まで送り、ぐっすりお休みいただいた。その時は、すでに十二時を大分回っていて、他の参加者も多くは寝床であった。

翌朝、発表者は、昨夜は何事もなかったかのように、爽やかにお目覚め。いろいろと心配した実践発表もなんとか終了する。発表後は熱心な討議が行われ、厳しい発言やたくさんの温かい励ましをいただいたことを思い出す。

この発表を通して、司会者と発表者の繋がりも深まった。そして何より発表者は大きく成長し、広島市の国語教育を支える大きな力となっている。「湯の山」は、やる気のある者をしっかりと包み、大きく育ててくれる。国語教育への熱い思いを持っている教師が集う「湯の山」の合宿研究会ならではの体験であった。

今は、時間だ、効率だ、成果だと数字を示しての教育が花盛りであるが、はたしてこれで子ども達は良くなり、日本は安泰なのだろうか。「湯の山の教育」を語る場合、純粋に国語教育に打ち込み、子どもを大切にしながら、おれ流のやり方、職人的なやり方で、こつこつと積み上げていく多くの教師がいたことを忘れてはなるまい。

六　作文への道を

細　井　迪

「だれにもできる作文指導の」の発表

昭和三十六（一九六一）年八月十日、二泊三日の「第一回 国語教育夏季講座」が、湯来町湯の山「白雲閣」で開かれた。

研究テーマは「読解指導と作文教育」。研究発表の一番手に指名された私は、「だれにでもできる作文指導」と題して、

○作文に関する子どもの実態は
○心理的に解放された学級づくりを
○日記や一枚作文を効果的に

を柱に、作文指導の実践を話した。

（日記）七月八日（金）雨

そろばんに行く時、雨がザアザアと、よくふります。見ると、どぶの水がいっぱいで、畑やこうえんにも水がたくさんあります。それに、家の前まで、水がきています。

そろばんから帰る時は、いく時よりも水が多くて、畑のものは何も見えないようでした。

帰ってニュースを見ると、呉市などは、がけがくずれて、家がめげていたり、家の下じきになって死んだりした人もあるそうです。

また、へさかは大水で、じゅうたくがいが水びたしになったので、小学校へ、ひなんしていました。（四年　N）

（詩）　黒いかべ

きょう　学校へくると
教室のかべが黒くなっていた。
「どうしてなったん」と　友達にきくと
FくんとYくんが
天じょうにあがっておりる時に

天じょうのほこりが足についてかべについたらしい。
先生が
「上に紙をはらんと、ふいてもだめだ」
と　おっしゃった。
わたしは
いつも　かべを見ている。（四年　S）

教職生活十四年めの試練。報告の後、先輩の先生方の温かいご指導に感謝しながら、作文教育の大切さをより深めたことであった。

（始めたら途中でやめない。やめるのなら始めない）が性分の私にとって、この発表が、それからの作文への道を決定づけることとなった。

夜の大広間で

学習、食事、休憩の場所に使った大広間。夜には、男性の寝室と化した。布団があたり一面に敷かれ、すっぽりと覆う大きな蚊帳が吊られる。

未だ晩酌の習慣がなかった私は、早くから窓際の布団の中で、回りの先生達と教育談義。国語教育や学級づくりについて、語り合い教えていただいた楽しいひとときであった。

消灯。（二学期には、あれを、これを）と考えながら眠りにつく。

消灯の後、寝床探しに大童の人もいたらしく、翌晩は、布団確保が第一となった。


「今年の『湯の山』は」


毎年夏休み前になると、家族旅行を計画する妻が、「今年の『湯の山』はいつですか」と尋ねるようになった。「『湯の山』ってそんなに楽しいところ」に、「勉強、勉強」と返す。

二十周年大会の時だったか、数少ない出席者の一人として紹介された事を思い出す。

生活文「私の家」から

第二十七回の研究会から、前年度に退職した者が「夜の会」で話をすることになり、私は、第一号として夕方より参会。

宇品東小学校で生まれた児童作品「わたしの家」を中心に作文指導の歩みを話した。

その原稿をまとめるにあたり、いろいろな指導資料を調べる中、野地潤家先生のご指導で、私にとって貴重な『生活を綴り、綴らせる営み 子どもとともに』が誕生した。

七 湯の山の思い出

綿崎英之

思い起こすと国語教育夏季講座への初参加は、第三回 岡澤水会長の時であった。当時は安佐郡内で勤務しており、市内の先生との交流は殆ど無く、たまに県内・市内で国語教育研究大会が開かれた際に、先輩の先生・同期生と会うだけで、国語教育について論議する機会は少なかった。

安佐郡国語教育研究会・若藤会長から、市国語研究会主催で国語教育夏季講座が「読解指導と作文教育」というテーマで「湯の山」で開かれるので参加せよと声が掛かり、安佐郡から大上・丸岡先生を始め数名が参加した。貸し切りバスの中で先輩の細井先生・同期の古本・馬野さんの姿が目にとまり心強く思ったものである。

開会行事後、基調発表・講演。初めての合宿研究会でどのように会が運営されるのか一抹の不安が頭をかすめる。大広間は学習の場に早変わり、朝夕の食堂・夜は男子の寝室（雑魚寝）。

初日は禁酒。夕食後は涼を求めて三々五々に緑の中を散策、但し、マムシに注意。やがて、大広間には蚊帳が吊られ寝室に変身。寝ると思いきや市内の先生は要領よく飲み物持参、隣の先輩から「これは御神酒だ」と勧められるままにありがたく頂戴。酔いが廻るにつれ蚊帳の中では声を潜めての国語教育談義・四方山話。それに耳を傾け、市内の先生の教育熱心に感銘したものである。作文指導にはかなり力を入れた積りだったが、湯の山の夏季講座に参加して実践研究の重みを痛感した。その後、安佐郡が広島市に合併するまで、図々しく六回ぐらい合宿に参加している。オブザーバー的立場であったが歓迎して下さったことを感謝している。

二日目は、松永先生・末田先生の講演。両先生の講演は国語教育への触発であり実践する上での指針となった。末田先生の講演の中で、大広間の床の間の掛け軸の漢詩を読んでくださったが覚えられなかった。今だに読めず残念でならない。研究発表・研究討議では自分の実践に信念をもって発表され、それに食いつく先生方の白熱した意見に感服し、明日からはこういう考えで日々の実践をしようと意欲を燃やしたのを覚えている。

湯の山を象徴する事象を辿ると数多いが、「湯の山スタイル」が挙げられる。男子は誰に憚る事なく、ステテコ姿で大学の先生の講演拝聴・研究発表及び討議に加わり自由な雰囲気で学習できたのも湯の山ならではである。

合宿中、参加者の関心の的は「かがり火」であろう。これは夏季講座の唯一の機関誌で、講演・演習の要旨、研究発表・質疑応答の概要（時にちょっぴりの風刺）、初参加の声、趣向を凝らしたアンケート、夜の女性部屋探訪等々、編集者の意図が覗われる速報の配布が待ち望まれていた。編集室を慰問すると目の回る忙しさで裏方の苦労がしのばれた。二日目の宴は、酒が入るに連れて名司会者の誘いに初参加者の声が聞かれ、コントも心の休まる一時であった。頃合いをみて屋外で火祭り、予想外の女神の登場に拍手がわき起こる。部屋・グループごとの「出しもの」、特に若い先生の斬新なアイデアに目を見張る。終わりに「今日の日よ　さようなら」でちょっぴり湿っぽく明日を夢見て各部屋へ。

夏季講座は国語教育夏季研究会と改められ今日まで存続している。このような研究会は全国的にも稀であると思う。発足当時の会長・幹事さんは方々を捜し回られ大変な御苦労をされたと先輩より伺っている。広島市内からそれ程遠くない静寂で涼気に満ちた「湯の山の地」を選ばれた事が、日々の繁忙から離れひたすらに一つの事に打ち込む絶好の場となった。初志が脈々と流れているこの国語教育夏季研究会に栄えあれ。

八　湯の山　湯学湯楽　十二詠

新アララギ会員　奈我人（向井　信之）

湯の山のしじまの峡《かひ》に集ひ来て国語の道を分け極めんとす

自主的な企画に集ふ夏季講座国語一途に燃える友どち

講師の声に和するが如く鳴く蝉の心穏《おだ》しく山峡《やまかひ》の夏

昼は学び夜は湯に入りお互ひの素肌に觸れ和す湯の山合宿

講義終へ白雲閣の湯に入りて心安らぎしばしの旅情

都塵《とじん》皆洗ひ流して湯に手足思ひきり伸ばし人そのものに還る

緊張も解けて夕べの集ひの宴《えん》友の知らざりし特技に楽しむ

都塵から職場から離れ湯の山の湯裸になりて友情の深みゆく

白雲閣の湯に身を沈め心弛《ゆる》び夏季合宿の一日《ひとひ》も終へぬ

広島の国語人の絆強かるは湯の山合宿がみなもとかと思ふ

奥深き渓谷の流れ落つる小滝響《とよ》む音して湯の山の夜半
安らかな寝息聞こゆる夜半にして同じ道行く友のいとほし

（旧仮名遣ひ）

九　学ばせてもらった忘れえぬ湯の山

平岡豊恵

「平岡さん、広島市の先生方が『夏の合宿』で、勉強会をしておられるそうだから、一緒に学ばせてもらおうと思うけえ、あんたも参加しようやあ。」（当時安佐郡は広島市に合併していなかった。）と、声を掛けてくださったのは、私の尊敬する、大上勝三先生でした。単純な私は、自分の愚かさも省みず、勉強させていただける嬉しさですぐ賛同したのでした。

　さらに大上先生は、「何か校内研修ででも資料を作っとったら持って行きゃあ、教えてもらえるがのう。」と、優しく声を掛けてくださいました。

　さて、知らない所に愚かな私が……。と思いはしましたが、声を掛けられたら断らないで勉強することを信念としていただけに、ささやかな意欲を燃やして、参加の決意をしたのでした。

　幸い、一学期に、「手ぶくろを買いに」の教材で、校内研修をした資料があったので、それを持参しました。今考えれば、背筋に冷や汗が流れる程の恥ずかしい資料でしたが、その時は、私には一生懸命勉強したつもりでした。

その会での質問の厳しさ、意見の質の深さ等々、ただただ驚くばかりでした。今考えれば、大人と子どもが話をする状態だったと思います。でもその時に、恥ずかしさも、愚かさも体験させていただけたからこそ、どうやら、その後の長い教職を終えさせていただけたのだと思い、今も感謝しています。

その時の助言者が小川利雄先生で、今もはっきりと、優しい笑顔で教えてくださったことが思い出されます。しかし、指摘される言葉の一言一言は厳しく、はっきりとおっしゃってくださり、目からうろこの言葉のように、愚かな私にもしっかりと理解できて、意欲づけられました。

さて、その日の夕方は、昼間の勉強の厳しさに変わって、湯元温泉での保養です。旅館から湯元温泉まで、下駄履きで行きます。滝のように落ちて来る湯に打たれて、子どもに返った心地で、「キャーキャー」とはしゃぎ、今までの勉強の厳しさは、一度に飛び散ってしまう心地でした。特に風呂好きな私は、昼休憩は勿論のこと、勉強と勉強の少しの休憩時間も見逃さず、宿の奥の湯に入り、楽しんでいました。ある時、湯元の滝に打たれて疲れを取っている時でした、「キャーッ。大蛇だあっ。」との大声に、滝の落ちる方に目をやると、大蛇が悠々と通って行くのです。恐かったこと恐かったこと。大蛇は赤い舌をチョロチョロと出して去って行きましたが、きっと男蛇だったと思います。

夜の火祭りの行事も忘れられません。研修の合間をみて、男の先生方が準備をされていたことを後で知り、やさしくたくましい男性の中の男性ばかりでいらっしゃったのだと、今の世の中からも強く思います。皆さんが準備をされている間、私は本来の図太さからか、勉強をしたいという思いからか、小川先生を独り占めにして、資料の作り方、研究の仕方等々、数え切れない程の教えを受けていました。

夜空に星がきらめく頃になると、広場は、活気づき賑やかになりました。初めての私は、珍しさと楽しさで、大はしゃぎをしてしまいましたが、皆さんが温かく優しい心で受け止めてくださり、私の方が恥ずかしさで恐縮する程でした。夜も更けて来ると、会歌と称した「花摘む野辺に…」が、動作と共に声高らかに表現され、会は最高潮に盛り上がり、私はただただ驚いて真似てばかり。「この雰囲気があって、昼間の勉強会の真剣さが生まれるのだ。」と実感したことです。

翌朝は、昨夜の賑わいはどこえやら、また厳しい勉強会が始まります。次々と提案される内容の深さ、発表される一言一言の自信のある言葉に、子どもの前に立つ私は、理論の弱さに卑屈になっていましたが、今からでもいい、学ばせてもらって実践していこうと、心に強く言い聞かせたことでした。

第一回の参加を終えて帰った私に、大上先生が、「平岡さん、参加してどう思ったや。」と、尋ねてくださいました。即座に言った言葉は、「今まで何を勉強していたのかと恥ずかしいのと、子ども達の前に立つのが申し訳ない気持ちでいっぱいですが、折角教えていただいたので、これからは、自分なりに勉強します。大上先生も教えてください。そしてまた、来年もよろしかったら参加させてもらってください。」と、お願いしました。

「そりゃあ、あんたがやる気なら頼んどくよう。また、一緒に勉強させてもらいんさい。」と、優しく意欲づけをしてくださいました。

次の年からは、自分の方から希望して申し込みをしました。

その後も、毎年のように参加し、市内に勤務しているような気持ちにさせていただく程の温かい受け入れと、厳しく指導してくださる先生方、また、休憩時には、笑顔で優しく声掛けをしてくださる先生方に、すっかり甘えていた私でした。

この湯の山での学習が、その後の私の校内研修、研究発表や提案、司会、指導助言等に大いに役立ったのでした。若い先生方にも、「まず、自分からやらせてもらおうや。私は湯の山合宿研で学ばせてもらったお陰で、愚かな私でも少しずつ実践出来たのよ。」と、自信を持ってはっきりと言えるよい経験ができたことに、心から感謝しています。

十　湯の山を想う

桑田嘉子

「湯の山」と聞いただけで胸の奥が熱くなる傘寿に近いこの年齢をどう考えたらよいのだろうと思いながら筆をとりました。

数年前長女と共に白雲閣の前を通りました。館は跡形もなく門柱もよく見なければ雑草に隠れて分かりません。駐車場当りは雑草の山です。旧館への上り口も雑木や草で玄関まで道がついていたのを知らない人は道があったとは思えない有様です。後継者がなく廃業されたと聞きましたがこんなにも淋しく荒れるものでしょうか。

ここが夏の広島の国語教育を支えた場所だった。長女の恩師野地潤家先生の講演も随分お聞きした。多くの先輩に胸襟を開いて教わった所だったと娘に熱っぽく語ったものです。

土屋隆夫先生から、

「子どもも大分大きくなったのだから湯の山の講座に是非出席して勉強するように」

と言われたのは第四回の時でした。それから第三十回まで続けて参加させていただきました。（途中やむを得ず二日間だけ出席したのも三回くらいあったと思います）毎年どうしても湯の山へかりたてるもの、それは何だったのだろうと考えます時、野地先生・小川先生を始め講師の先生方、先輩の先生方の指導やお話、学校や研究会では分からない夜の顔、人間性に触れた事だったと思います。そして若い人達が心身をすり減らしながら教材研究をして、児童に体当たりした貴重な研究発表をパッサパッサと切り込まれ、一度はしょげても今度こそと決心して二学期を迎える心の準備ができた事だったと思います。

後半、傘寿になりますのにまだ子ども達に週二回学習の手助けができますのも遠く湯の山で育てられた賜と感謝している次第です。

さて、湯の山の裏話を少々。

夏の合宿研究をしようという話が持ち上がったり、場所をどこにするかということであちこち調べられた結果、広島より涼しく静かな湯の山、こじんまりとした白雲閣が選ばれたと土屋先生からお聞きしました。四回から参加した私は接待係をいただきました。私にとって初めての経験で、どのようにしたら楽しく能率の上る合宿になるのだろうかと考えたり、先輩に教えを請う毎日でした。

当時は参加者は四十数名だったと思います。旧館は大広間と奥に四部屋あったと思いますが、どのように人員配置をするかが一番頭を悩ませました。講師の先生・校長先生方も同室にお願いし、残りの部屋を女子が使わせていただきました。男子の先生方は修学旅行の児童並みに大広間に雑魚寝。食事も大広間、講義発表も大広間、大広間が大活躍しました。

八月下旬とはいえ湯の山も暑く、ステテコ姿の湯の山スタイルも名物になりました。

基調発表・研究発表（個人も学校の共同研究もあり）・講演・演習と寝る間も惜しんで語り合ったものです。

野地先生のご講演は二日目の午後が多かったように思います。先生が到着される時刻が分かればお迎えの準備をし、お好きな紅茶でお迎えしたものです。

何といっても気を使ったのは、少ない予算の中で二日目の夜の宴会を少しでも盛り上げたいと知恵を絞りました。献立は白雲閣に任せましたが、少ない予算の中で本当によくやっていただきました。鮎の塩焼きだけは毎年欠かさず付けていただきました。時として出された品だけでは足りなくなり、この調達に大変でした。

もう一つ夜の火祭り、これも湯の山に集う私たちの最大の楽しみでした。昼間薪を積み重ねた下の広場が宴会が終わるのを待っています。急拵えの女神が頭に紙のリボンを巻きシーツを着込んでトーチを持ってしずしずとお出まし、薪に点火される瞬間、大きな拍手が湧きました。踊ったり歌ったり、残り酒やビールの乾杯で無礼講の時が流れました。

キャンプファイヤーに参加した事もありますが、後片付けを手伝ったり、次の準備に手を貸すこともあり忙しかった記憶があります。最初は風呂上りの宴会で浴衣のままの火祭りだったのですが、余り平気で浴衣を汚すので、女将に注意され服に着替えていただくようになりました。ステテコ姿もだんだん姿を消しました。

湯の山講座の効果が広まり、出席者も年々増して大広間が大混雑、女性も廊下にはみ出る事もありました。その頃から白雲閣が下の広場に鉄筋四階建ての別館を新築され、道路を挟んで旧館と廊下で結ばれました。内湯も立派な広い岩風呂ができ、冷暖房の備わった個室ができました。男子の先生方も大広間の雑魚寝から解放されました。昼食準備の為に、お疲れの所をお起しすることも無くなり、前夜のうちに次の日の朝の準備ができて旅館側も助かったと思います。が、長い廊下を料理を運ぶのはいずれにしても大変だった事でしょう。お昼は丼物だったので食事が済んだら座机はそのまま勉強机になりました。

会計係と話し合いながら接待係を四半世紀させていただきました。一番心を砕いたのは部屋割、それから食事内容でした。初めて参加された方が一般の旅館・ホテルなどの食事と比べて大変文句が出て困ったことがありました。湯の山講座に対する考え方、合宿の意義に対する考え方の差でしょうか。残念ながら徴収金額をはっきり覚えておりませんが、とても高級ホテル並みのサービスができる訳がありません。土屋先生のお供をして湯の山よりよいサービスをしてくれる宿があるだろうかと調べて回りましたが、広島から往復にかかる時間、所要経費など一長一短でやっぱり湯の山が一番という事になりました。

最小経費で参加しやすく、何とか贅沢を言わずお腹一杯になり、三日間の研究がスムーズにできますようにと、係として一生懸命尽くしたつもりです。

時には献立外でも、食欲旺盛な人の為に女将や会計係に私の無理を聞いていただいた事もありました。白雲閣の主人も損得を抜きにして、広島の国語教育の向上発展を目指して協力して下さった事を、係を通して感謝している者の一人です。

三日間の日程で、第一日目は早目に行って部屋割りをしたり、受け入れ準備をしました。二日目は充実した研究と合宿のメイン宴会キャンプファイアー等が事故なく進行しますように。三日目はすべての行事を終了し、満足して帰っていただけるようにと、バスでお帰りの皆さんを送り出したものです。自家用車が多くなり、送迎バスの利用者が減って来たのも事実ですが、終了と同時に我先にとお帰りになる姿に、古い考えかもしれませんが、講師の先生をお見送りする心も国語教育の大切な部分ではないのかしらと思わされたものでした。

会計係の古本光明先生・吉永正憲先生が合宿経費の支払いを済まされるのを待って帰宅の途につきました。徴収金額がどうしても不足した場合、女将は快く笑って済ませて下さった事もあったと記憶しています。

大切な講義や研究発表、演習なども、係として用事があり、心ならずも参加できなかった事が何度もありましたが、私は裏方の仕事の大切さを教わった事は、人生の教訓として有難く思っています。

湯の山が終わらなければ夏は終わらないという感覚は、退職後十八年経った現在もしっかり心に残っているのです。将に青春（教師時代）の充実した佳き時代だったのでしょうね。

湯の山合宿研が今は続けられていないように聞いていますが、ちょっと淋しい気がします。「同じ釜の飯を食う」「裸の付き合い」は、やった者しか分かりませんものね。

湯の山講座萬歳!!

太河の会で年に一度お目にかかれる湯の山通いの先生方もだんだん減って来ました。時の流れには逆らえませんね。太河の会はますます盛んでありますように切に祈っています。

意図したのだろうか、偶然だったのだろうか、今ではその記憶さえないが、湯の山の滝に打たれての帰り道が一緒になった。例のあの白雲閣までの山道である。

話しながら歩いているうちに、ブラームスの話になった。夢中で話し、夕暮れる中、ブラームスの交響曲一番の第四楽章のメインテーマを二人で口ずさみながら歩いて帰った。

ただそれだけの青春の思い出である。

十一　ブラームスはお好きですか

梶矢文昭

新採一年目は、有無を言う余地もなく理科専科にまわされて、二年目に国語になったと思う。その年の夏、海老村先生に誘われて湯の山に参加した。貸切バスに乗って行った。自家用車はほとんど無い頃で、バスは国語人でいっぱい、すでに熱気に満ちていた。

何がなんだか分からないうちに、放り投げられるように広間に入ったが。周りの景色、爽やかな空気、先輩諸氏の顔。何もかもが新鮮だった。

私は二十四歳、まだ未婚。勉強の傍ら、若い先生の方へちらちらと目がいくこともあった。

そんな中で、二、三歳上だろうか、発言明瞭、目を引く女性がいた。

十二　湯の山あれこれ

藤井秀昭

湯の山学級の誕生

はじめに

昭和四十七年の湯の山企画会のときであったろうか、今年で湯の山も第十二回を迎えほぼ順調に進行するようになり、どの企画もうまく進んでいる。ただ、ややマンネリ的な所もあり、新企画はないだろうかという提案が出された。

私は国語同好会の推進メンバーの企画に時間をもらえないだろうかと提案した。企画を考えて皆さんに練ってもらいたいということである。一応案としては、森本先生の演習に似ているが、それではなく、我々メンバーの誰かが先生になり、参加者すべてが生徒になって学習するというスタイルである。読み取りでなく、作文的な要素を持っている授業ということである。それでは考えてみなさいと言うことになった。

そこで、当時国語同好会を推進していた中村誠延・増田義法・藤井秀昭の三人が、それぞれの自宅を会場に回り持ちしながら企画を練った。先輩の先生方もたくさんいらっしゃるが、遠慮せず、授業に参加した児童の一員とみなし、「〇〇君、どうですか」とやっていこう、その方が面白いということを話し合った。そして、その時間に短文でもいいので何か書いてもらおう、我々も児童に感想文を書きなさいとか、ここの登場人物の気持ちはどうでしょうか、とか書かせているので、生徒の立場に立ってみてどう思うか、後で聞いてみたら参考になるのではないかということである。

実際の授業

そこで、まず第一回は私がやることになった。いろいろ考えたが一時間半くらいの時間でできることといえば、かなり限られてくる。参加者みんなに書いてもらうというのは、読書感想文的な扱いにしたらどうかと思い、第一次感想文を書いてもらい、さらに主題は何か聞いてみたらどうかと思った。確かに子ども達にはそういうことを要求している。最初なので、どうなるか分からないがその方向でやることにした。

教科書教材では、それぞれが知っており、何度も授業したこともある人もいて、いろいろな要素も入るので、新しい教材にしようと思った。ちょうど、光村図書が、一教材だけの四～六ページくらいの冊子を出していたので、それを使うことにした。

宮沢賢治の「どんぐりと山ねこ」である。これは宮沢賢治の作品の中でも、奇妙な展開をする作品で、一読後のみんなの反応が面白いだろうと選んだ教材である。一郎と言う人間の子どもが山猫に呼び出され、長びいている裁判を解決して欲しいという物語である。その裁判は、どんぐりが「頭の尖っているのがえらいか、丸いのがえらいか」で、まさにどんぐりの背比べで、もめているのである。既に三日目であるが、まだ決着がついていない。そこで一郎が呼ばれたわけである。もめ続けていたが、一郎が、「このなかでいちばんえらくなくて、ばかで、めちゃくちゃで、てんでなってなくて、あたまのつぶれたようなやつが、いちばんえらいのだ」と言う。どんぐりたちはしーんとなり、解決するという内容である。

最初なので緊張はしたが、一応参加者は生徒で私が先生なので、そのスタイルは崩さず最後までやろうと決めていた。第一次感想文を書いてもらい、それを発表し、いきなり、「主題は何でしょうか」とここは子どもでなく、大人の感覚でよいだろうと思っていた。

授業が始まった。先輩であろうと、年上であろうと、男性は「君」女性は「さん」で指名した。強引にやらなくてはこの学級の意味がないので、「分かりません」とか「書けません」とかいう発言は無視し、皆さんもこうやって子ども達に要求しているのですからと言い、「一応みんな少しでもいいですから、第一次感想文は書いてください」とここは妥協せず書いてもらった。

感想文発表のときも、積極的に発言する人はどんどん手を挙げて発表してもらい、こちらからも、しっかり指名した。さすが生徒はもともと教員、いい発表が続いた。先生を困らせる発言もいくつか出た。「先生はどう思うのですか?」など、その時は「先生が答えを最初に発表したら、みんなが考えないでしょう」とか、「考えるためにやっているんだから答えません」とか逃げて対応した。

この教材に対していきなり、「はたしてこりゃあいい作品なんかのう」というドッキリの発言も出た。「宮沢賢治の作品には感動がない。いわばたんぱく質がない。たんぱく質がないものは身につかない。身につかんものは与えん方がいい」という過激な発言も出た。それに対して「はたして感動というものが作品の価値を決める決め手になるんかねえ。ビタミンや水も必要だ。宮沢賢治の作品世界も与えることには意味がある」という答えも出た。とにかく面白い話し合いになった。

いきなり、主題を考えるのは無理とも思ったが、これも強引に引っ張った。いろいろ出たが代表的な意見を挙げてみると、

○かたちに拘らぬ方がえらいのだ
○無用の争いを避けるのがえらいのだ
○自己に謙虚なのがえらいのだ
○形式的価値から脱却しなければならない
○自慢の要素を抜きにして生きなければならない

などと、結果的にはいろいろ出て面白かった。これなら続けてやる価値はあると判断した。

第30回　国語教育夏季研究会　平成２年８月８日㈬・９日㈭・10日㈮

次年度は中村誠延氏が「金魚」（児童作文）の添削指導を、その次は増田義法氏が「評語」の書き方をやり、湯の山学級として定着していった。

「かがり火」編集長時代

「かがり火」初代編集者は、その発案者である馬野和道・榎野譲両氏である。ついで増田義法・脇田充子氏を経て、三浦徳光氏と私に回ってきた。

二人で考えたのは、単なる情報伝達、本格的な新聞の要領で編集しようということである。研究発表・講演・演習などについて、そのポイントとなるあらましを書き、それぞれについてレポーターを依頼し、コメントをつけてもらう。一般からのいろんな感想を拾い上げ、紙面に載せるというスタイルである。それは新聞の中で定着した記事になり、二十年誌・三十年誌を書くときにも非常に参考になった。

藤井と望月光紀氏時代になると、輪転機を持ち込んで、ほとんど編集室にとじこもり、発表や講演などはマイクを引き、編集室に拡声器を置いて、聞きながら編集するという状態になった。「衝撃の告白」「出撃リサーチ」とか「夜の家庭訪問」「湯の山株式市況」とかかずかずの企画を打ち出し、取材と称して各部屋をまわり時に顰蹙を買ったりもした。

「出撃リサーチ」では、夜の家庭訪問を実施し、〔部屋番号一〇二〕（「ワタシラー、はあ、十回以上も湯の山に来とるんじゃに、十年目の時だけ表彰しといて、後ないのは不公平よ……」「ホイジャケエ、名札に十回以上の者あー、金縁で名前を囲んどいてもらうよー」）

〔部屋番号一〇七〕（「大部屋でなくなって、碁は出来んし、エッチな話はできんし、いびきや歯ぎしりも聞けんし、ちょっと寂しいのう」「新市内の人に芸達者な人はおらんかいのう……」）

などの話を取材している。

「湯の山株式市況」では、

・〔土屋隆夫〕長い身体をあちこち運んで世話を焼き、目の大きさと言葉の柔らかさ女性のもて方 ―変わらず

・〔畳谷芳代〕コーヒーコーナーを設け、その存在価値をまたもや示し、サービスはしないが、ニコニコ、セルフサービスをするのを見ていて ―一円高

とか言う記事を書いている。

また、ある時は、**「ミニ情報」**として、「今回参加者（八十七名）の年齢構成」を調べ、（平均年齢38・2歳　男子41・6歳　女子33・8歳）中年男性と若い女子という構図である、と記述している。

年齢別参加人数では、

二十代……23人　　三十代……28人

四十代……21人　　　五十代……15人

と書き、経験年数十年前後が最も多く、これが核になっている世代であると結論付けている。

（昭和五十七年「かがり火」3号より）

参加者の番付表を作ったり、アンケートを元に、いろんな面白い表を作ったりした。その一部を公表すると、次の表のようになる。

（当時のままのガリ版刷りを残した。）

昭和四十年台後半から五十年台にかけて編集室がもっとも燃えていた時期かもしれない。

夜の司会者

二日目の夜の宴会はいつから始まったのか、私の記憶にはないが、いつの頃からか、その司会を私がやることになった。多分最初は馬野氏、鍵本氏、中村氏などがやっていたと思う。

それは最初一芸を持つ人の例年のことで、あの人のあの芸が出ないと、湯の山に来た気がしないと言うほど評判のものであった。細井迪先生の指芸「一目見たとき好きになったのよ……」とか、安田平一先生の「音戸の舟唄」とか宮崎定先生の「郡上八幡」の唄とか三浦徳光先生の「みかんの花咲く丘」の踊りとか、向井信之先生の「白鳥の湖」のダンスとかである。

ある時、初参加の人の紹介をしたらどうかとなり、壇上にずらりと並んでもらい、司会者の私がインタビューすることになった。「どこの学校ですかとか」「なんでこの会に参加しましたか」の平凡なインタビューでは面白くないと思ったので、「あなたは何色が好きですか」とか「参加者の中に好みの男性はいますか」とか、ちょっと調子はずれの質問をしたりした。すると、面白い答えが返ってきて場が盛り上がった。それからは、あの司会は藤井だということになったのか、しば

氏　名	あなたのトレードマークは	もえるあなたは　どんな時	病名または治療法
土屋隆夫	だまっとこ	線こ花火の様に燃えつきた時	家族の方をおよびください
桑田嘉子	？	水平線の彼方に湧き上がる雲を 見ながらもの思う時、湯の山に夕やみが迫る時	コウモリ斑症
上田憲壯	スラリとのびた足	スポーツをする時	栄養失調
馬野和道	見ればわかるじゃろ	もちろん、一パ飲んだとき、アツウていけません	運　命
トラノオ生子	四損一得の顔	わさびたっぷりのそばを食べた時 (まさか、もう一方にもわさびがあったなんて)	不　感　症
縫部栄子	大きなホクロ２つ	よい本に出逢った時	ホクホク病
大和撫子	引き目、カギ鼻	焼身自殺の時	自意識過剰
平岡豊恵	大きな大きなボイン	ビールを飲むとき	ホルスタイン症
中村ミユキ	まかせます	家事から解放されたとき	家事恐怖症
西本美紀子	モナリザのほほえみ	すてきな男性にめぐりあった時	物　色　病
梶矢輝美	まかせます	研究授業をするとき	職　業　病
中村セイエン	かわいい丸こい鼻	湯の山学級で反抗できないようにしておいて、自説を述べる時	カゼです、マスクをしなさい。
細井　迪	子どもたちがいうには やさしそうな目	最近は機会がないけど、この 実践をと思いが定まったとき	偽似健忘症
三浦徳光	「みかんの花咲く丘」 今日からイメージチェンジ	のんだあと、一とくに夜 (夜のトンボではないが)	不完全脱皮苦悶症
竹之内裕章	若さと美ぼう	土曜日の四時間目	自意識過剰 ナルシス病 治療法なし？
貞本幹男	運動はするよりも今頃は 見る方になりつつある年令に なった。でも、自分では若いと思っている。	旅行して、風景を見、そして、その土地 の名物を食べるとき	前老化症、絶対安静が必要
阿川淳信	大きいほどよいものが小さく 小さくていいものが大きいこと (大きな鼻と小さな目、大きな尻と短い足)	パチンコ屋で出ていた球が、スーと 戻っていくとき	夫婦不和のもと、すぐ離婚すべし
片桐豊彦	堅く生きる	仕事に取り組む時	石部金吉、セメント病 もっと柔らかくなろう
平山　威	若　さ	仕事が忙しければ忙しいとき	大言壮語病伝染性あり
増田義法	赤　い　顔	いつも燃えている、クールでありたい	赤顔恐怖病 青くなった時が要注意
武藤祐康	若い女性を見る目 見ていないようで見ているようで…	[昼の部] しらけっぱなしで燃える時がない。[夜の部]？	後天性斜視 眼帯の要あり
古川宏丞	なにもないところ	「まあ　いやらしい…ウフフ…」	女性ホルモン過多症 思いきりけとばせ
安田平一	顔面の黒子	はこづめんなって　れんがづくりの台のうえんのせられる時	処置なし、御家族の方に早く連絡を。
編集室	刃こぼれの刀	夜の家庭訪問 原稿依頼者決定の瞬間 最終号を出すとき	夜遊過剰不眠症

湯の山迷診断カルテ

敬称略、順不同

氏　名	あなたのトレードマークは	もえるあなたは　どんな時	病名または治療法
平川逸實	忘れられていく年代は消えゆくのみ	1ぱいのませてみんさい、あるいは燃えるかも	得俵ふんばり症
宮原健治	生々流転	人知れぬ美を感じたとき	恍惚の美探究症
吉井敏明	観山聴泉（ただし湯の山宿泊中）	美しいもの、善なるもの、正しいものがしいたげられるのを見たとき	正善美恐怖症
李木義夫	太いマユ、食べても…太らない体	八月、湯の山にやって来たとき	媚薬のききすぎ
K.F. ペンネーム ガンバロウ	しいて言えば美しいフェイス	女性のB（ボインちゃん）やH（おしりちゃん）	慢性ボイン中毒症
三高節子	用もないのに常にチョコチョコと小走りに歩く後姿	火のついた時（火のつく場所は…御想像に任す）	下つきライター病
羽原郁子	スヌーピー	ホッカホッカのおいもをのみこんだ時、真剣なものにふれた時	男性過敏症
藤井秀昭	クシャミ、ほろびゆく大草原	若い女性に囲まれた時　麻雀で大三元をテンパイした時　奥さんが一週間実家へ帰った期間	ドラキュラ アヤカリ症
両祖美代子	激しい身ぶり手ぶりで相手を気ぜわしくさせるしゃべり方	雨戸を閉めきってボリュームをいっぱいにあげてロックを聞きながら踊り狂う時	腸捻転
三嶋美鈴	さぁ、何でしょう？	火事で逃げ遅れた時	治療不可、丸焼けになりなさい！
稲垣さつこ	なし、あなたにおまかせ	若いアベックを見た時	急性興奮症
藤井照代	将来の誰かさんにみつけてもらってから公表します	教室でひどいいたずらをしたちびっ子を叱る時、本当は叱らないでいたいのですが。	先天的粗暴症
桧垣喜久子	無造作に束ねた髪	もちろん……。	ヒヒヒヒ……！
新保幸枝	しなやかな髪	人生について語りあう時	認識不足がもたらした夢遊病
高田　淳	なし	トーマス・マンの作品が自分を変えたと思いこんでいる人に出会ったとき、シューベルトの音楽で浄福を感じるという人に出会ったとき。	アレルギー性敏感症
三田恵子	放浪癖	未知の土地を旅する時	幼児性放浪病
猪足秀子	ペンだこ	ほしい本が手にはいったとき	慢性貪欲症
西田治恵	ゆれるまなざし	もちろん……。ウフフフ…	もう〜、サジなげた。
山崎ミハル	梨	朝。毎日新聞連載　瀬戸内晴美原作「まどう」を読む時（中年好み）	病ナシ、過労
竹内葉子	デカ手。百姓をし、バレーボールをしたからでしょうか。	自分の十八番の料理を作る時	デカパイ恐怖症
近清佐智子	「キャラ・キャラ・キャラッ」とバカ笑い	3000メートルでは決してなく2000メートル級の山にチョウセンするとき	腸腺炎
久保利子	感度が少々にぶいこと	本を一冊読んで何かが自分の心の中に感じとられた時	低感度反応症　電池を取りかえるべし
大内久美子	不感症	盛夏の白い雲がうるんできたのをみるとき（今年の2学期はもうれつにいそがしいのです。	数をこなす以外薬なし
長谷部幸子	こぼれそうなお目々	はずかしくて言えません	御目出たです

らくは私の出番が多くなってきた。

私は夏が来ると本当にわくわくしたものだ。どういう質問を新人にするか考えるだけで湯の山が来るのが待ち遠しくなったものである。あの司会が面白かったので今年もまた来ましたという人が二―三人あり、また嬉しくなり、調子に乗ったものである。

最後を締めくくるのが、広島市国語科の国語歌となった「誰か故郷を思わざる」である。この振り付けは随分昔からあったようであるが、「みんなで肩を組みながら……」という部分が団結の証のような感じがあり、「誰か故郷を思おわあざあるう……」の締めの部分もなかなか意味のある面白い振り付けである、これは全ての国語の宴会の定番となった。

十三 「湯の山」から「宮浜」への発展的会場移行

中村誠延

湯の山白雲閣で、夏季合宿研究会が始まって以来、数年は、参加者全員が県庁前に集合し、バスに乗って湯の山に向かい、二泊三日の宿泊研修会に参加していた。

一時間程のバスの中での自己紹介も結構楽しいものであった。

しかし、会を重ねる内に、時代の流れか、自家用車の通いで参加する会員が増えたことや、各地で、国語教育に関する研究の場が増えたこともあって、この研究会の参加者も減少傾向にあった。その為、この会に理解を持って、何かと便宜を図って下さっていた「白雲閣」にも、運営面で無理を言えない状況になっていた。

第三十三回（平5・当時会長阿川淳信）湯の山合宿研を、市が主催する夏季合宿研究会と重ねて、広島市青少年野外活動センターで開くことになったのを機会に、できるだけ多くの会員の参加ができて、負担の少ない会場を探すことになった。

その結果、佐伯郡大野町宮浜グリーンロッジに会場を移して、第三十四回の夏季合宿研究会を開くことになった。

昭和三十六年、第一回が湯の山白雲閣を会場にして開かれて以来、会を重ねるごとに、「湯の山白雲閣」と言えば、国語教育研究会の代名詞になる程に親しまれ、広島市の国語教育研究会の定着した研修の場になっていた。そのような会場を他に移すことは、広島市国語教育の発展を願い、湯の山の地に研究の場を設け、情熱を持って支えてこられた先輩諸氏対して申し訳ない思いであった。

また、個人的にも第一回から参加して、多くの方との出会いを持ち、多くのことを学ばせていただいた私が、今、国語教育研究部会の責任者としてこの湯の山の幕を閉じることは、誠に残念で淋しいことでもあった。

しかし、気持ちを新たにして取り組んだ、「宮浜グリーンロッジ」での研究会には、九十名を越える参加者があり、講師の先生方の示唆に富んだ講演や演習、貴重な実践を提案くださった先生方、運営にあたられた幹事の先生方のお陰で、第三十四回国語教育夏季研究会を、多大の成果を収めて終えることができた。

会場を移しても、会の発足当初から脈々と引き継がれて来た湯の山の火を絶やすことなく、次の世代に引き継ぐことができたことに安堵し、喜ぶと共に、この会の一層の発展を願ったのである。
第四十九回国語教育夏季合宿研究会（現部会長石田秀孝）が、平成二十一年八月二十・二十一日、廿日市市のアルカディアビレッジで開かれるそうである。

十四　基調提案

――読みを深めるために書かせる指導――

阿川淳信

広島市小学校国語教育研究会の夏季講座は、昭和三十六（一九六一）年より開催された。（『広島市小学校国語教育の歩み――戦後――』ひろしま国語教育太河の会編　平成十二年刊　溪水社　を参照）

発会当時は、国語教育の中心的な内容であった、読解指導と作文指導を研究主題として、当研究会の熱心な教師達によって、研究発表を中心に研究が行われた。

問う研究会が軌道に乗って、参加者も多くなり始めた第五回のとき、参加者の話し合いで次回の研究主題を絞り、研究発表者を募っては？」という意見が出され、第六回より「基調提案」に沿って研究討議がなされるようになった。私は、第十八回で、主題「読みを深めるために、書くことをどのように取り入れたらよいか」において「読みを深めるために書かせる指導」と題する基調提案をさせていただいた。その折の配布資料を基にまとめると、次のようであった。

子ども達の間に「活字離れ」がますます増加しているといわれる。子ども達の多くが、「漫画は読むが、単行本などは月一冊も読まない。テレビゲームで一日が終わる。」とまでいわれる。漫画を楽しむことは決して悪いことではないが、物語などの長い文章が読めない、絵がないと読む気にならないという児童の増加は、読書力・読解力の育成上深刻な課題である。

前述の、活字離れ・読書離れは、その当時から国語教育の深刻な課題になりつつあった。そこで、当時の国語教育の指導的な立場であられた先生方のご著書を手がかりに、子ども達の読書への興味・関心の高まりを目指して、文章を読んで、書き表された意味理解だけに留まらず、著者の書いた意図の洞察、さらには、読者の思考の広まり・深まり・発展までもが期待できる読書指導・読解指導の必要性を訴えた。

その折の内容の概略と使用した資料（引用文「　」内）を示すと、次のようなものであった。

書くことを、読む活動の中に取り入れることについて、

井上　敏夫氏は

(1)「現代において、読み書き関連学習を読むこと指導の方法論として確立され、高い実践成果をあげていられるのは、言うまでもなく、青木幹勇氏である。この課題に関するかぎり、青木氏の名著『書きながら読む』（明治図書）の具体的実践的考察を超えるものを、私は知らない。この一冊のなかに、読み書き関連指導にあたっておよそ生起するであろうすべての問題にたいして、行き届いた解答がのべつくされているといってよい。」（『実践国語研究』明治図書　一九七七年四・五月号　一〇P）

と述べている。

青木　幹勇氏も、『書きながら読む』の「まえ

がき」で

(2)「わたしは、この著作の書名が示めすように、『書くこと』いわゆる書写の機能を、従来の、単なる文字習得、書写技能の習練、ないしは、作文だけとはみないで、書くことが、文章読解のためにきわめて有力なはたらきをもつものと考え、『書くこと』を軸にして、一方では読むことへ、他方では、作文へと展開していく学習と指導の実態をえがいてみようともくろみました。」(『書きながら読む』明治図書　一九七〇年三月　二P)

と、書くことが文章読解のために極めて有力なはたらきをもつと述べている。

そこで、青木氏の同書の文章を中心に理解を進めていく。

まず、読むことの中に書くことを取り入れる意義について

青木氏は、

(3)「文章を書き写す活動は、一見機械的な作業のように見えますが、意識の活動というものは、けっしてそんなに単純なものではありません。子ども達は、文章を書写することによって、ただ文字を右から左へ書き写すというだけでなく、書きながら、文章を読むようになってきます。音読や、黙読でも読むことは読んでいたのですが、読む力の弱い子どもは、ともすると、文章の上すべりの読みしかしない、文字は読んでいても、文章を読みとっていない空白の読みをしていることが多いのです。

それが、ゆっくり、文章を書き写していくとなると、書きながら文章を自分にひきつけ、それとなく文章を読んでいくのです。

――中略――

さらに、すすむと、書きながら、考えることができる、書くという活動が、単なる通読では、読み取ることのできなかった、読みの深所へ子

どもを誘いこむのです。」（同書　三七Ｐ）

と、書くという活動が、読みをいっそう深めると述べ、また、別の誌でも、

(4)「書き写すことによってより確かに読める。より深く読める。より豊かに読めるようになるということです。

（――――中略――――）

文章を書き写そうとすると、そうしようとする者の意識は、自然、そこに書かれている、ことばなり、文脈なりに、密着して動いていきます。そして、その動きは黙読はもちろん、音読よりも遅いのです。この遅いことがいいのです。書きながら、それに続く次の語句を予想してみます。主語に対応する述部を思考し、期待して書いていきます。黙読や、音読では読みとばしていた、ことばとことばの間の細かな、かかわり、つながり、ひびきあいを、筆の先で読みとることができます。（『教育科学　国語教育No.二四八』明治図書　一九七八年六月　一〇七Ｐ）

と、書き写す活動が、より確かに、より深く、より豊かに読めるようになることを述べている。

さらに、青木氏は、

(5)「問題を書くことによって、問題を自分にひきよせ、自分のものとすることができる、あるいは問題をはっきりさせることができる、解決への意欲を強化させることができる、書くことによって、問題性の弱い問題を強化、増幅できることがわかってきたことです。

さて、問題を、このように強化、増幅するためには、当然、当面する文章を、積極的に読まなければなりません。考えることも必要でしょう。問題を書くという活動が当然、読むことを要求するわけです。」（同書六二Ｐ）

と、書く活動が、より積極的に読む姿勢を育て、考える力を養うと述べる。

また、

(6)「書きながらまとめる、書くことによってまとめるということになると、

1　どうしても、さらに丹念に読むことが必要になってきます。

2　書いてまとめようとすると、意外に、自分の読みの不確実であったことに気づくでしょう。そこでさらに、読み確かめが求められます。

3　書いてまとめるとなると、改めて考えるはたらきが強く参加しなければなりません。」（同書一三六P）

と、書きながらまとめることが、丹念に読む姿勢を育てるといい、

(7)「はじめは、文章が書き写されただけの無表情なノートに、自分の読解、クラスメート、教師の息がふきこまれてくると、そのノートの一ページ一ページが、読むことの成長記録という機能をもってくるように思います。」（同書八七P）

と、書き写されたことが読むことの成長記録にもなって、よりいっそう読む力を高めることができるといっている。

(8)「　教材研究の資料にすることができる。

○　ひとりひとりの子どもの読みの確かさ、深さ、豊かさを知ることができる。

○　ひとりひとりの子どもの読みの傾きを知ることができる。

○　指導を展開していくポイントをとらえることができる。」　　（同書六二P）

と、教師が子ども達の読みの実態を明らかにし、指導の工夫ができるといっている。

なお、これらのことについては、

滑川　道夫氏も

(9)「ノートに書くことは、確実な読むことであり、考えることにつながるのである。

ノートをきれいにとるのが目的ではなく、読

書を生かすことにある。ノートに書くことによって、理解を確かにし、読み手自身の考えを創りだし、まとめるための労作である。」（『現代の読書指導』明治図書　一九七六年二月　二一一P）

と、書くことが理解を確かにし、読み手自身の考えを創り出し、まとめることになるといい、また、

⑽　井上　敏夫氏も

「どのように読みの創造性、主体性が重視されようとも、読みの活動の中心に位置すべきものは、まず叙述を忠実におって、正確に読みとっていく力であることはまちがいない。

そのような読みとりの力を回復するためには、音読によって舌頭で言語感覚をみがくこともその一法であるが、さらにその文章を筆写して、筆先でその文章感覚をじっくり鑑賞し理解することも大事な方法の一つである。」（『実践国語研究』一九七七年四・五月号　一一P）

と、文章を筆写することは、筆先で文章感覚をじっくり鑑賞し、理解する一つの方法であるといい

⑾　紀田　潤一郎氏も

「このように（ノートとり）摑まえられる点から足がかりを一つ一つのぼっていけば、茫漠とした印象も整理され、はっきりした形をあらわしてくる。――中略――

ノートをつける効果は、まったく目に見えて現れるものだ。最初は物語の筋を引き出すのがせいぜいだろうが、そのうちヤマがわかってくる。作者の力点がわかってくる。文中の〝名文句〟を書き抜いてみるのもよい。すぐれていると思われる描写を写してみるのもよい。ポイントは、どこに、なぜ感動したかということで、これを一行でもよいから書きつけるようにする。」（『現代人の読書術』毎日新聞社　一九七二年十一月　一〇〇～一〇一P）

といい、「ノートとり」が読みを確かなものにす

ると述べている。
「書きながら読む」ことの具体的な学習活動について、
青木氏は、
⑿「書きながら読む指導のバリエーション」について、
1　文章を読んで問題を書く。
2　問題点の多い文章、学習（指導）価値の高い文章を書写しながら読む。
3　書写した文章に、アンダーラインその他の記号、短い感想、意見などを書き入れる。わたしは、これを自注と呼んでいる。
4　文章を、表解的にまとめたり、図式化したりしながら読む。
5　書きとった文章に、読み手の読解メモを書きそえながら、読みを豊かにしていく。
6　文章をさらに細かく読むために、読み手が、文章のある部分を、文意に従い、創造を豊かにはたらかせて、書き広げてみる。
7　文章を自力で読み破り、その読みの過程とか、読みとりえたこととか、読解の到達点などを、研究レポートとして書く。」（同書　六〇P）
と述べ、また、
⒀「まず、この作品を、教師は、板書、子どもは、ノートに書きます。書くという活動によって暗礁的な読みのうわすべりを、地についた読み、文意を読むという読みにおちつかせようというのです。」（同書　五〇P）
⒁「文章を書き写してみると、音読や黙読では、到達できなかった、理解の世界がひらけるという経験は、多分、読者の方も、もっておられることと思います。」（同書　六四P）
⒂「書かれている文章の行間や、余白、赤字で、自分の読みの足跡が記されてくると、そこに書かれている文章が、だんだんと自分にひき寄せ

られてくるのです。そして、単に書き写された文章というそらぞらしいものでなく、読み手の息のかかった文章だというすがたをもってくるでしょう。」（同書　八六Ｐ）
などのことを述べている。
さらに、「読み広げる作文」について、青木氏は、
⒃「１　低学年で新出の語句と、意味や連想のうえでつながりのある、既知の語句を書き並べてみる。あるいは、いま読んでいる文章と関連類似のある作品を書いてみる。
２　童話の終末部を書きのばしてみる。
３　いま読んでいる説明文にとりあげられている事例と、類似の事例を経験の中から見つけ、それが、説明されている原理や、提示に合うかどうか書いてみる。
４　短歌、俳句などの解釈を散文にして書いてみる。」（同書　一一二Ｐ）
と、「読みながら書く」ことが作文指導にまで発展することを述べている。また、書かせ方についても
⒄「以上、書きながら読むという学習において、何を書くか、文章のどこを書くか。それには、以上述べてきたように、
１　子どもの読みの反応によって
２　文章読解の論理性にしたがって
３　教師の指導意図によって
の三項目にまとめられるということがいえると思います。」（同書　七五Ｐ）
と述べている。
清水　茂夫氏は、『教育科学　国語教育№二三二』明治図書　一九七七年五月発行の二四Ｐにおいて、
「　読む活動は読み手の精神内部で行われ、児童生徒は文章の叙述に即して、自分の全ての体験の集積から、新しい体験を再構成してその文章

の内容を理解して行くのであるから、理解の差は千差万別の多様さを持っていると言ってもよい。また、場合によると読みとったものが混沌とし漠然としていて、児童生徒自身にも明白でないこともあるだろう。それを文章に書き出すことによって、読み手なりの理解の様態が一応明確になる。教師の指導はその個に即して行うことができる。その結果は、正確な、確実な、深い、広い、豊かな理解となるであろう。」と、文章を書き出すことで、読みを確かなものにするといっている。

読む力をより確かなものにし、文章を読むことに興味・関心を持つ子どもの育成を希求しながらも、現代っ子を前にして、子ども達が敬遠しがちな書くことを読む活動に取り入れることがどれほど困難であるか、想像に難くない。それだけに、せめて学校教育の場で、困難を乗り越えて実践し、深く、豊かに読み取り、思考することの楽しさを体験させたい。そして、いっそう豊かな人間性を育てたい。学校教育でしかできない具体的な指導のあり方を模索し、確立して欲しいものである。

以上、当時、日本の国語教育をリードしておられた青木　幹勇氏をはじめ、多くの先生方が「書くことによって読みをいっそう確かなものにすることの重要性」を説かれているが、それらの言葉を引用することによって、基調提案にさせていただいた。つたないものであったが、多少なりとも合宿研での研究の焦点化がなされたのではないかと思う。同基調提案は、第二十三回まで続き、第二十四回の「文学的教材の指導過程」へと移行した。なお、基調提案は、その時々の重要課題を取り上げながら第三十回まで続いた。

あとがき

まえがきにもありますように、ひろしま国語教育太河の会は、『広島市小学校国語教育の歩み――戦後――』・『人この素晴らしき出会い――国語教師として生きて来て――』に続き、今回、『心に残る国語教育――若き日の実践――』を発刊いたしました。

第一章「心に残る国語教育」には、私達が、かつて教職にありました時代の実践を載せました。

私達が現職でありました頃は、例えば、研究授業の事前には、必ず、教材解釈や指導計画を巡って討議を重ね、何度も修正を加えて、授業に当たりました。板書一つにしても、一時間毎の板書構成、板書することばの位置、文字の大きさ、色チョークの使い分け等々、細かな指摘を受けたものです。

また、研究発表の場が与えられても、まずテーマの設定に悩み、時間を懸けて実践を積み、発表資料を整えました。このようにして臨んだ授業もうまくいかず、研究発表も深い論議の対象にならず、自分の力不足を痛感して、情けない思いを幾度となく味わいました。

しかし、その度に、講師の先生や先輩の先生方の温かい的確なご指導、ご助言を受けて、再度挑戦の意欲を燃やしたものでした。

ここに載せました各実践は、こうした中の一つです。

今にして思うと、決して確かで十分なものではありません。しかし、教室にいる子ども達に国語の力をつけるために、その時の持てる力を出し切って実践したことだけは胸を張って言えるのです。

第二章には、「湯の山合宿研究会の思い出」を載せました。

本研究会については、前述の『広島市国語教育の歩み――戦後――』の中の「V研究集会活動」に、詳細な記述が残されているところです。

湯の山での二泊三日の合宿研究会は、過密なスケジュールの中で進行され、講演や演習、研究発表、討議等は、いずれも質が高く、全く気の抜けないものでした。加えて、湯の山は山間の地とは言え、夏場の日中は暑く、クーラーの無い和室の大広間に座しての研修は、時には苦痛を感じることもありました。しかし、ここで学んだことの一つ一つが、自分の血肉になっていくような、不思議な充実感を感じたものです。また、ここでの研究会は、ただ厳しい研鑽の場としてだけではなく、会員相互の親睦の場としても、大きな役割を果たしました。

かつて、現職の時代に、広島市小学校国語教育研究会に所属していた者達が、退職後も「ひろしま国語教育太河の会」を組織し、集まれば国語教育を熱く語り、互いの絆を深めているのも、湯の山での研究会のお陰であると言っても過言ではありません。

本書に収めましたものは、私達一人ひとりにとりましては、貴重なものであり、思い出多い研修の場から生まれたものです。お読みくださった皆様に、いささかなりとも、私達が現職にありました時に、国語教育に傾けたエネルギーと情熱を感じ取っていただければ幸いです。

平成二十一年七月

中村誠延

心に残る国語教育
――若き日の実践――

平成21（2009）年10月10日　発　行
編　　者　ひろしま国語教育太河の会
事務局長　阿　川　淳　信
広島市東区牛田新町１丁目９－１（〒732-0068）
発 行 所　株式会社　溪水社
広島市中区小町１－４（〒730-0041）
電　話（082）246-7909
ＦＡＸ（082）246-7876
E-mail: info@keisui.co.jp

ISBN978-4-86327-069-5　C0037